ゴール下を完全制覇!

バスケットボール センター

上達のコツ50

三遠ネオフェニックス
太田敦也 監修

メイツ出版

はじめに

日本人は欧米人などに比べて高さのある選手が少ないため、どうしてもガードやシューターといったスピードとテクニックを駆使して活躍する選手が注目されがちです。しかし僕は、センターというポジションにもそれらアウトサイドのポジションと同じくらい素晴らしい魅力があると思います。

センターの面白さや奥深さを感じてもらうため、この本では重要なテクニックを5つのプレー別に紹介しています。リバウンドとポストプレー、シュート、ディフェンスが身につけば、インサイドで柱になることができるでしょう。

さらにアウトサイドまでプレーエリアを広げることができれば、相手チームにとって脅威となるセンタープレーヤーへと成長できます。巻末

※本書は2015年発行の『もっと強く! もっと巧みに! バスケットボール センター 上達のコツ50』を元に加筆・修正を行っています。

には、練習法のページも設けています。体力的にハードなものが多いですが、こなせるようになれば確かなパワーが身につくでしょう。

現代のバスケットでは、中でも外でもプレーできるオールラウンダーのセンターが求められています。しかし、僕はその言葉に引っ張られてアウトサイドの練習に時間を割くあまりに、インサイドの練習がおろそかになる選手が出てきてしまうのではないかと懸念しています。

外ばかり上手くなるのは本末転倒なので、「センターの本分はインサイド」ということをしっかりと理解して、練習に取り組んでください。ゴール下でボールを持っただけで、味方が安心できるようなプレーヤーが現れることを、同じセンターとして楽しみにしています。

三遠ネオフェニックス
太田敦也

この本の使い方

この本では、バスケットのセンターポジションでレベルアップするためのコツを50紹介しています。

センターの役割のなかでも特に重視されるリバウンドや、オフェンスの場面で求められるポストプレーといったインサイドのプレーから、アウトサイドに出て行く動きまで、テクニックを一通り網羅しています。

最初から読み進めることが理想ですが、特に自分が知りたい、もしくは苦手だから克服したいという項目があれば、そこだけピックアップしてマスターすることも可能です。

各ページには、紹介しているコツをマスターするために必要なPOINTがあげられています。みなさんの理解を深めるための助けにしてください。

さらにこの本では、センター向けの練習法も紹介しています。一人で取り組める個人練習なので、自主的に取り組めばライバルに差をつけることができます。

タイトル
このページでマスターするコツと、テクニックの名前などが一目でわかるようになっている。

PART 1
CHECK POINT!
❶ タイミング良くジャンプ
❷ 最高点でキャッチ
❸ ヒジを張る
コツ01
リバウンド（両手）
両手でリバウンドをキャッチする
POINT❶
タイミング良くジャンプ
タイミンググ
ンプ。この
あげる。
ボールの軌道を見て飛ぶ方向を予測しつつ、ヒザを曲げてジャンプの準備をする。
最高点でボールをつかみキープする
リバウンドはゴール下で、両チームのビッグマンが競り合うプレー。パワーはもちろん、高さが要求される。そのため、ジャンプの最高点でキャッチすることが大切だ。落下点を見極めて両足で強く踏み切り、ボールへと両手を伸ばす。ヒジが伸びきったところでキャッチできることが理想だ。このとき、手の平を開いてがっちりと力強くボールをつかむ。これにより、相手にボールを奪われる危険を軽減できる。
着地したら、ボールを胸元に引き寄せてしっかりキープする。両ヒジを左右に広げてボールを守ろう。同時に、周囲の状況を確認する。後方も背中越しに確認して、相手の動きを見よう。不用意に次のプレーに移ると、せ
16

解説文
コツと関係する知識を解説している。じっくり読んで理解を深めよう。

POINT
タイトルとCHECK POINT!に連動して、テクニックをマスターするためのポイントを紹介している。

CHECK POINT!
コツをマスターするためのポイントを3つ紹介している。練習に取り組む際には、常に意識しよう。

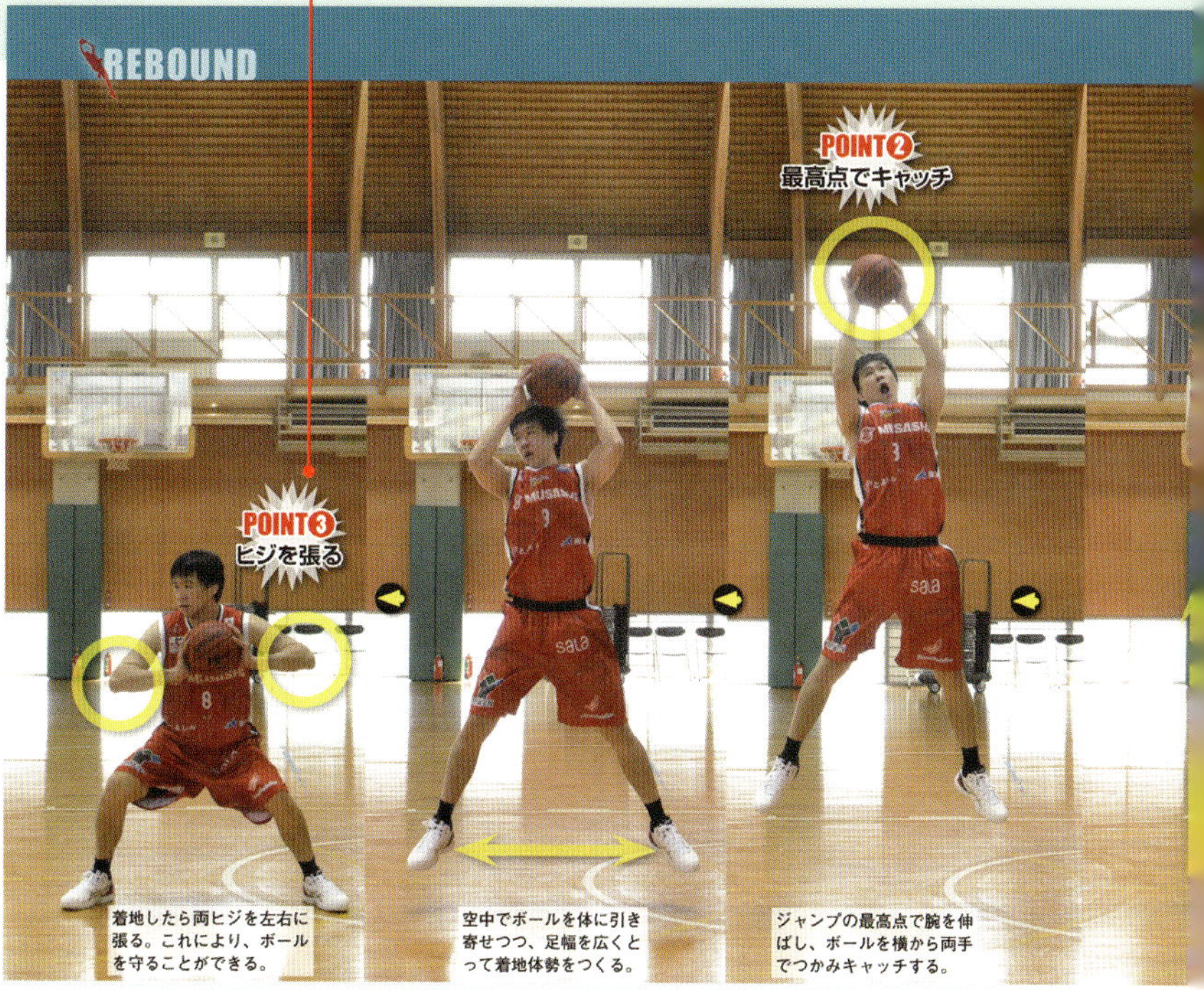
REBOUND
POINT❷
最高点でキャッチ
POINT❸
ヒジを張る
着地したら両ヒジを左右に張る。これにより、ボールを守ることができる。
空中でボールを体に引き寄せつつ、足幅を広くとって着地体勢をつくる。
ジャンプの最高点で腕を伸ばし、ボールを横から両手でつかみキャッチする。

プラスワンアドバイス

ボールを下げると奪われる危険がある

ゴール下は密集地帯であるため、油断するとボールを奪われる。特に注意したいのが着地後で、ボールを下げると腕が伸びてきてカットされる危険がある。キャッチに成功したからといって安心せずに、しっかりとヒジを左右に広げ、ボールを胸の前でキープしよう。

17

プラスワンアドバイス
コツをマスターするための詳しい知識や、動作の細かな方法をアドバイスする。

目次

PART5 アウトサイドプレー …… 92

PART6 練習&トレーニング …… 106

センターの疑問 Q&A …… 124

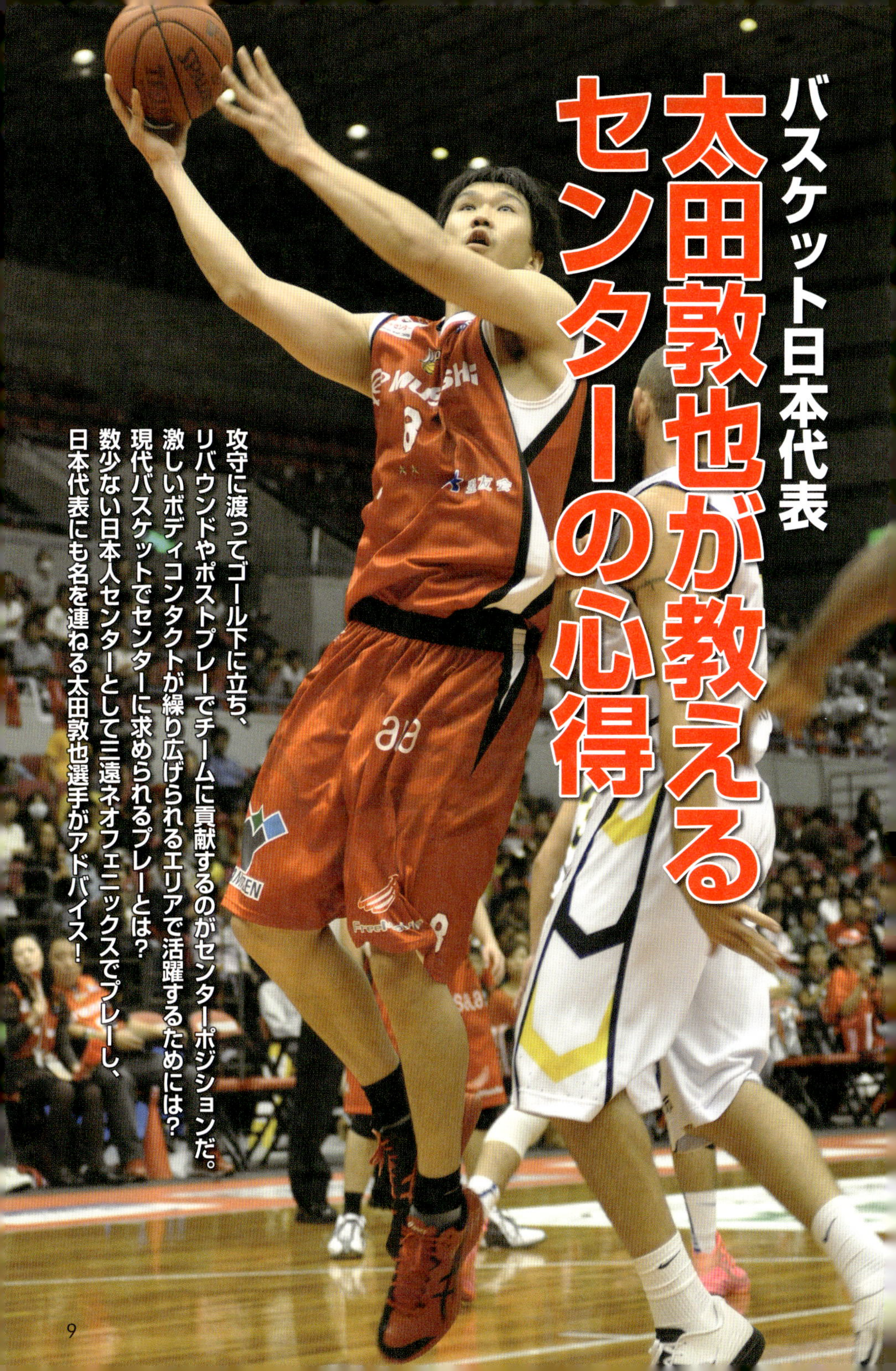

バスケット日本代表

太田敦也が教える センターの心得

攻守に渡ってゴール下に立ち、
リバウンドやポストプレーでチームに貢献するのがセンターポジションだ。
激しいボディコンタクトが繰り広げられるエリアで活躍するためには？
現代バスケットでセンターに求められるプレーとは？
数少ない日本人センターとして三遠ネオフェニックスでプレーし、
日本代表にも名を連ねる太田敦也選手がアドバイス！

インサイドで体を張って味方をサポートする役割

センターは、インサイドを主戦場とするポジションです。**リバウンドやポストプレーなど体を張ったプレーが多いため、縁の下の力持ちとしてチームを助ける役割を担います。**ゴール下は体格の良い選手が密集してボールを奪い合うエリアですから、激しいボディコンタクトがあり、試合では知らないうちに切り傷や打撲していたなんてことがしょっちゅうありますね。その意味では、身体的にも精神的にも非常に過酷なポジションだと言えるでしょう。

しかし僕は、泥臭いプレーに力を尽くすセンターにとても魅力を感じます。アウトサイドで戦うガードやフォワードのように、ドライブでの突破やトリックプレー、見事なロングシュートといった魅せるプレーをする機会はそれほどなく、どちらかといえば印象に残りづらいポジションですが、スクリーンをかけたりポストプレーでパス回しの起点となって味方をサポートできることに喜びを感じるのです。

僕は小学校４年生の頃からバスケットに取り組んでいますが、一貫してセンターを担ってきました。ほかのポジションに目移りしたことは、ただの一度もありません。それくらいセンターでのプレーは面白く、そして奥深いのです。

守護神であり第二の司令塔

センターは守備時、ゴールに最も近い位置にポジションをとることが多いため、「最後の砦」「守護神」と呼ばれることがあります。センターが突破されたら相手にゴールと１対０の状況を作られて、ほとんど１００％の確率で失点してしまうので、この表現は大げさではないでしょう。**ゴール下にパスをつながれた場面は、攻め込まれているピンチの状況。センターにはその状況下で、失点を回避できる高い守備力が求められるのです。**

また攻撃時には、ポイントガードに次ぐ「第二の司令塔」としてプレーします。ゴール下でパスを受けたらとにかくシュートを、という意識を持っている選手もいるか

もしれませんが、実際の試合ではパスを出すシーンが多くあります。センター（インサイド）にボールが入ると相手のディフェンスがゴールに向かって収縮するので、逆にアウトサイドのマークが緩くなります。その際に中から外へとパスをつなげると、シュートの成功率があがるのです。

アウトサイドでもプレーできると武器になる

　現代のバスケットでは、オールラウンダーが活躍する傾向があります。シュートが打ててドライブができてパスが出せて……と、全てのプレーを高いレベルでこなせるプレーヤーが求められているのです。センターも例外ではなく、インサイドからアウトサイドへ出て行ける能力がなくてはいけません。僕も中に外にと、コートを縦横無尽に動くように日頃から意識していますね。そしてスクリーンをかけたりフリーになってミドルシュートを打つといったプレーが、自分の強みのひとつだと思っています。

　アウトサイドでプレーできるようになると、駆け引きでも有利になります。ディフェンスからすれば、インサイド一辺倒の選手はゴール下のプレーだけを抑えればいいので守りやすいですが、**いろいろなエリアからゴールを狙うことができる選手だと、警戒するプレーの種類が増えて守りづらくなるのです。**センターでレギュラーになるには、最低限ミドルシュートを打てるようになっておきたいですね。可能ならば、スリーポイントシュートもマスターするべきです。ビッグマンのスリーポイントシュートは非常に強力なので、試合で大活躍するでしょう。

　とはいえ、センターの本分はインサイドなので、アウトサイドプレーばかりに練習時間を割いてはいけません。あくまでオプションとして考えましょう。

日本人センターが外国人と渡り合うためには

　アウトサイドまでプレーエリアを広げることは、日本人センターが世界で戦うため

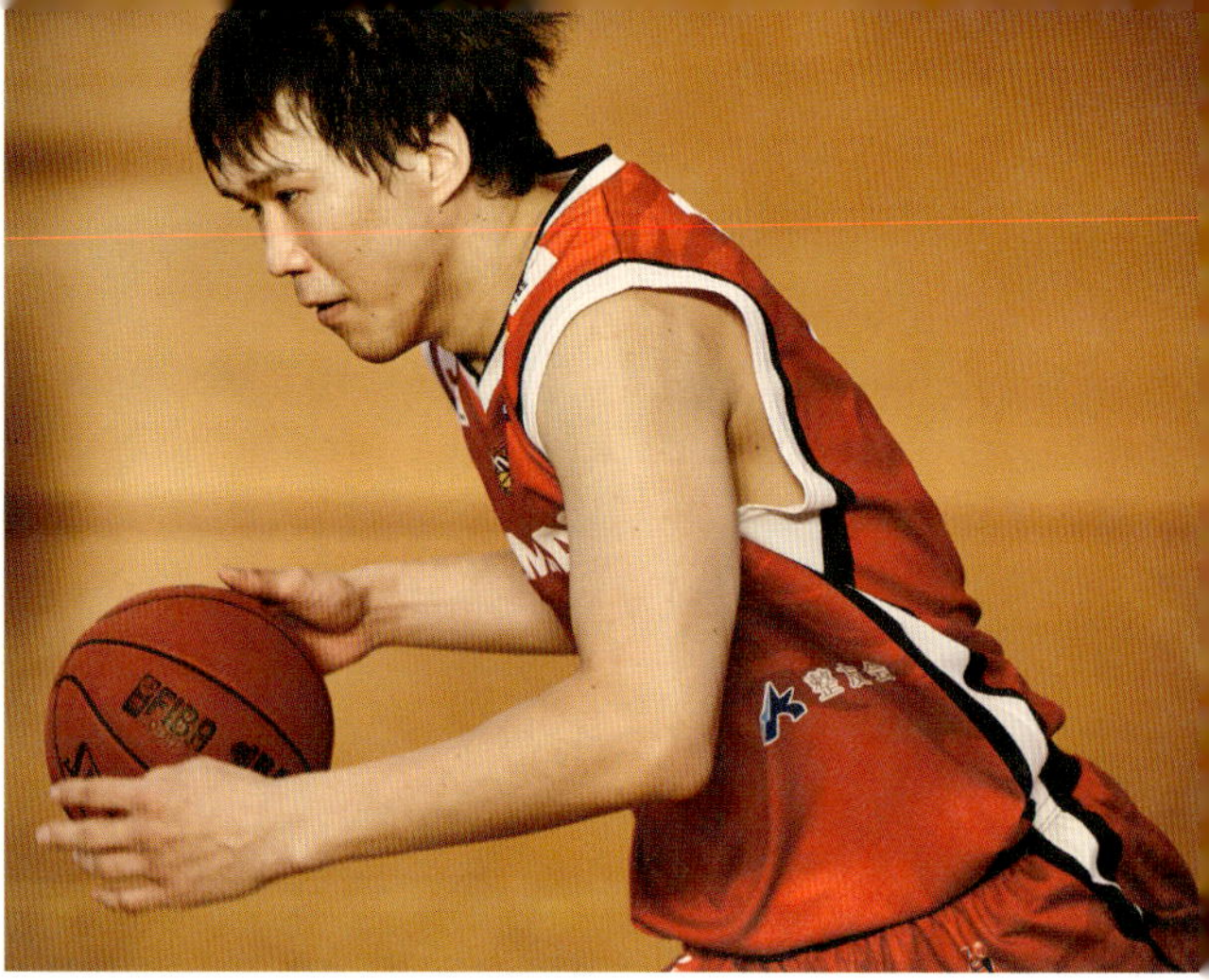

にも重要な要素です。ＮＢＡなどバスケットのトップでプレーするセンターは２１０㎝や２２０㎝の高さがあり、手足も長い。ジャンプ力やパワーも非常に能力が高いので、正直に言って正面から立ち向かって日本人が勝てる確率はかなり低いでしょう。

　勝負するためには、アウトサイドのスペースに飛び込んでジャンプシュートに持ち込んだり、ドライブをしかけるなどのバリエーションが必要になるのです。**「相手をかわす・裏をかく」プレースタイルが、外国人センターと渡り合うためのポイントになります。**

　ディフェンスでいえば、１対１に持ち込まれない守り方が大切です。ボールを持たれるとパワー勝負をしかけられて負けてしまうので、パスを受ける前、動き出す前の予備動作のところでとめるのです。そのためには、状況を判断する能力が求められます。自分のマークする相手だけでなく、コート全体をしっかりと把握して、ボールや各ポジションの動きから次の展開を予測するのです。

安定したメンタルで精神的支柱となる

　またメンタル面では、とにかく「弱気にならない」ことが重要です。試合中にシュートを外したとしても、逆にミスしたからこそ一番にディフェンスに戻るくらいの気持ちでいなければいけません。

　なぜなら、インサイドはチームの柱であるため、そこを崩されるとチーム全体が弱ってしまうのです。**どんな状況であろうとも、平常心でどっしりと構えられるような選手が理想ですね。**

　そのせいか、センターを務める選手は穏やかな人が多いように思います。試合中にエキサイトすることはあまりなく、常に落ち着いています。体をぶつけ合うポジションだけに勝気な人が多いと思われがちですが、実際はそんなことはありません。激しいエリアでプレーするからこそ、冷静さが求められるのです。

試合後の反省が成長につながる

　僕は常に、「安定性」の向上を意識しています。これはつまりミスを減らすという

ことで、ミスが少なくなるとそれだけ自チームのチャンスが増えて、勝つ確率があがります。長いリーグ戦を制するためには、良いパフォーマンスをキープすることが重要なのです。

そのために、試合後の反省を習慣的に行っています。試合の映像をチェックし、失敗してしまったシーンに対して次も繰り返さないように改善していくのです。バスケットはスピードのあるスポーツであるため、ミスはある程度仕方のないものです。しかし、だからといって諦めずに安定したプレーを追求をしていくことがレベルアップにつながるのです。

こうした意識は、プロになってから強く抱くようになりましたね。学生時代は感覚に頼っていたところが大きく、プレーを分析することはあまりありませんでした。練習に加えて、これらのことをこなすのは大変な作業ですし、精神的につらい部分もあるので、無意識に避けていたのかもしれません。しかし勝利にこだわるならば、絶対に取り組まなければいけないことだと今なら理解できます。皆さんにも、早いうちから取り組んでもらいたいですね。

CHECK POINT!

1. 体を張ったプレーで縁の下の力持ちとしてチームを助ける
2. ピンチの状況を回避できる高い守備力が求められる
3. アウトサイドから攻められると攻撃の成功率があがる
4. 外国人センターと渡り合うためには相手をかわすプレーが必要
5. どんな状況でも平常心でどっしりと構えられる選手が理想
6. 試合の映像をチェックして失敗を繰り返さないように改善する

PART 1
リバウンド

外れたシュートをキャッチしてチャンスを得るプレー

試合を通じてシュートの成功率は50%程度と言われている。その外れたボールをどちらのチームがとるかで、試合展開は大きく変化する。1本のリバウンドを成功すれば、攻撃回数が確実に1回増え、相手はその機会を失うことになるので、リバウンドはチャンスを得ると同時に潰すことができるプレーなのだ。センターにとって、最も重要なプレーと言っても過言ではないだろう。

高確率でリバウンドをとれるセンターを擁するチームは、必然的に勝率があがる。そのため、センターを務める選手のリバウンド技術の向上は必須だ。相手との駆け引きを含め、ボールをキャッチするテクニックを身につけて、ゴール下の攻防に勝利しよう。

コツ 01

リバウンド（両手）

両手でリバウンドをキャッチする

CHECK POINT!

❶ タイミング良くジャンプ
❷ 最高点でキャッチ
❸ ヒジを張る

落下点に入り、タイミングを合わせてジャンプ。このとき、両腕ともあげる。

ボールの軌道を見て飛ぶ方向を予測しつつ、ヒザを曲げてジャンプの準備をする。

最高点でボールをつかみキープする

リバウンドはゴール下で、両チームのビッグマンが競り合うプレー。パワーはもちろん、高さが要求される。そのため、**ジャンプの最高点でキャッチすることが大切だ。落下点を見極めて両足で強く踏み切り、ボールへと両手を伸ばす。**ヒジが伸びきったところでキャッチできることが理想だ。このとき、手の平を開いてがっちりと力強くボールをつかむ。これにより、相手にボールを奪われる危険を軽減できる。

着地したら、ボールを胸元に引き寄せてしっかりキープする。両ヒジを左右に広げてボールを守ろう。同時に、周囲の状況を確認する。後方も背中越しに確認して、相手の動きを見よう。不用意に次のプレーに移ると、せっかく競り勝って得たボールを奪われてしまうので注意。

POINT❷
最高点でキャッチ
POINT❸
ヒジを張る

ジャンプの最高点で腕を伸ばし、ボールを横から両手でつかみキャッチする。

空中でボールを体に引き寄せつつ、足幅を広くとって着地体勢をつくる。

着地したら両ヒジを左右に張る。これにより、ボールを守ることができる。

プラスワンアドバイス

ボールを下げると奪われる危険がある

ゴール下は密集地帯であるため、油断するとボールを奪われる。特に注意したいのが着地後で、ボールを下げると腕が伸びてきてカットされる危険がある。キャッチに成功したからといって安心せずに、しっかりとヒジを左右に広げ、ボールを胸の前でキープしよう。

コツ02

リバウンド（片手）

腕を伸ばして片手でボールをとる

CHECK POINT!
❶ ボール側の手でキャッチ
❷ ボールを弾くのも手
❸ 手をあげたまま再ジャンプ
POINT❶
ボール側の手でキャッチ

空中でボールを逆側の肩の方向に引き寄せ、体の前で両手でしっかりつかむ。

ボールに近い側の手を、伸ばしてキャッチする。外側から包むような意識で行う。

片手でキャッチし素早く引き寄せる

ゴール下は密集地であるため、狙い通りのポジショニングができず、無理な体勢でのリバウンドを強いられることが多い。シュートが思わぬ方向に跳ねることもあるだろう。その際には、両手でのリバウンドにこだわらず片手でキャッチしよう。両足で踏み切って大きくジャンプし、ボールに近い方の腕を伸ばす。**ボールを外側から包むようにキャッチすると、確実にキープできるので意識しよう。**

腕を伸ばしたまま着地すると相手に奪われるので、キャッチしたら空中で素早くボールを胸元に引き寄せることが重要だ。対角の肩へとナナメに引き、逆側の手に収めるというイメージで動作すると良いだろう。利き腕ばかりでなく、逆の腕でもリバウンドできると対応力がアップする。

POINT❷
キャッチできない距離では
ボールを弾く

片手のリバウンドでも届かないほどボールが遠くにある場合には、ボールを弾く。自分のボールにできなくても、相手にとらせないだけでピンチを回避できる。コントロールする余裕があるなら、真上に弾いて二度目のジャンプでキャッチしよう。味方の方向に弾くのも手だ。

手を下げずにボールに向かって再びジャンプし、両手でがっちりとキャッチする。

ボールから目を離さず、一度着地する。すぐに二度目のジャンプ体勢に入る。

手のひらでボールを弾く。二度目のジャンプで届く距離に飛ばすことが理想。

コツ03

プットバック

体の向きを変えて着地する

CHECK POINT!
❶ 体をひねって着地
❷ 正対して着地
❸ すぐにシュートする

体の向きを反対側のコートに、できる限り向けて着地し、両ヒジを左右に張る。

ディフェンス
POINT❶
体をひねって着地

ボールをキャッチしたら、顔をセンターライン側に向けて体をひねる。

状況を見て ボールを守る着地をする

リバウンドでボールをキャッチしたあとに、着地するプレーをプットバックという。両ヒジを開いてボールをしっかりとキープすることはもちろん、この動作では体の向きがポイントになる。

ディフェンスリバウンドに成功したら、ゴールに背を向ける形で着地する。これにより、すぐさまファーストブレイク（速攻）をしかけることができる。しかし**体の向きを大きく変えて着地するのは難しいので、空中でひねることができる範囲でOKだ。**

オフェンスリバウンドでは、リバウンドからすぐさま再攻撃をしかけられるように、ゴールに正対した状態で着地する。しかしディフェンスが正面にいたら、着地の瞬間にボールを奪われる危険があるので、状況を見て判断することが大切だ。

オフェンス
POINT③
すぐにシュートする
POINT②
正対して着地

ボールをキャッチしたら、ゴールと正対している状態を崩さずに着地する。

着地しても腕をあげた状態のままにして、ボールを高い位置でキープする。

再びジャンプし、すぐさまシュートに持ち込んで再攻撃を成功させる。

プラスワンアドバイス

後ろ向きの着地はオフェンスでも活用可能

オフェンスリバウンドの着地位置がゴールから遠いと、正対して着地してもすぐにシュートできない。その際には後ろ向きと横向きのプットバックも選択肢に加えよう。後ろ向きで着地してアウトサイドにパス、横向きに着地してターンシュート、などの攻撃が可能になる。

コツ 04

ディフェンス⑪ブロックアウト

オフェンスをゴール下に入らせない

CHECK POINT!
❶ 低重心で反転する
❷ 外から来る相手には体を当てる
❸ 片腕を胴体に当てる

POINT❶ 低重心で反転する

反転し、体で前に出られないように抑える。重心を落とし、尻を押し当てることがポイント

シュートが打たれたタイミングで、マークするオフェンスに触れて距離を測る。

シュートと同時に反転してブロックする

ディフェンスリバウンドの成功は、ポジション争いにかかっている。どんなに落下点予測やジャンプ力に優れていたとしても、ボールから遠い位置に追いやられてしまってはキャッチできないのだ。

ポジションを取る上で最も重要なのは、オフェンスの前に入ることだ。これにより、先にボールに触ることができる。その際に求められるのが、ブロックアウトの技術。**シュートが打たれた瞬間にゴールの方向にターンし、同時に体をマークするオフェンスに密着させて自由を奪う。**重心を落とし、尻をマークする相手のモモに押し当てることがポイント。腕は両ヒジを左右に張って、前に出ようとするオフェンスの動きを抑える。なおこのプレーは、「スクリーンアウト」、「ボックスアウト」という名称でも呼ばれる。

POINT2
アウトサイドから来る相手には最初に体を当てる

シュートに合わせて相手がアウトサイドからインサイドに走ってきた場合には、接近して体を当てる。腕を相手の胴体に伸ばし、ボディコンタクトしよう。最初の段階で一度動きを止めることで、ターンする間が生まれ、前に入らせることなくブロックアウトできる。

走り込んでくる相手を、ややアウトサイド側にポジションを移動して待ち構える。

POINT3
片腕を胴体に当てる

体をぶつけて動きをとめる。重心を落とした姿勢で、一方の腕を胴体に当てることがポイント。

体を当てて相手が止まった時間を利用し、反転してブロックアウトをする。

コツ 05

ディフェンス②ブロックアウト（対シューター）

シュートを打つ相手をブロックアウトする

CHECK POINT!

1. 適切な間合いで構える
2. 着地の瞬間に詰める
3. 反転して体を当てる

ジャンプシュートのフォームに入ったら、ボールに手を伸ばしシュートチェック。

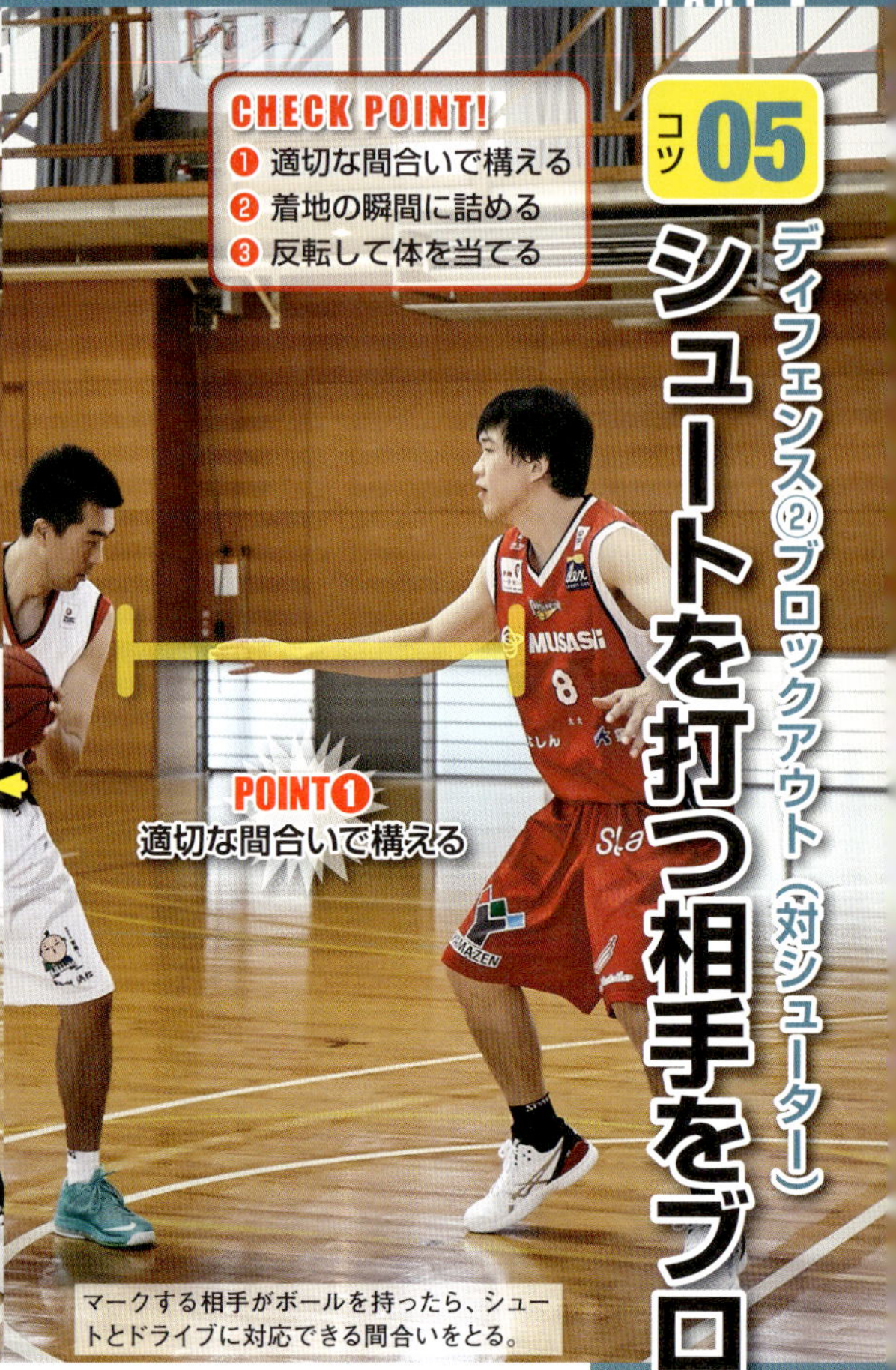

マークする相手がボールを持ったら、シュートとドライブに対応できる間合いをとる。

シューターのリバウンドを素早い反転で防ぐ

自分がマークするオフェンスがシューターである場合にも、ブロックアウトを怠ってはいけない。ついシュートの軌道に目がいきがちだが、ボールが空中にある間にゴール下へ入られると、外れたシュートをリバウンドされて失点のピンチが続く。**シュートチェックの姿勢から素早くターンし、ブロックアウトの姿勢をとり直すことが大切だ。**通常のブロックアウトと同様に、尻を相手のモモに密着させ、体全体で動きを抑える。

ポイントは、ジャンプシュートする相手が着地する瞬間に腕を当ててターンすること。身動きがとれない状態であるため、確実にとらえることができる。タイミングを見極めて動作しよう。また、ターンする直前まで目線で相手をとらえることも意識しよう。目を離すと突破される危険がある。

POINT❷ 着地の瞬間に詰める

相手が着地する瞬間に、伸ばしている腕を胴体に当て、やや間合いを詰める。

POINT❸ 反転して体を当てる

ターンして体を当て、ブロックアウトする。このとき、ギリギリまで相手を目線でとらえることが大切。

プラスワンアドバイス

シュートの軌道を追うとゴール下に侵入される

シューターから目を離すと、その一瞬のスキをつかれてワキからゴール下に入り込まれてしまうので、ボールの軌道を目で追ってはいけない。シュートの成功・不成功を問わず、打たれる度にブロックアウトすることがセンターには求められる。役割を理解し、徹底して行おう。

コツ06

オフェンス①ストレート
鋭い動作で素早くすり抜ける

CHECK POINT!
1. 押してからステップ
2. 腕を使って前に出る
3. ブロックアウトする

ディフェンスを押して、ステップで進む。肩から入っていくことがポイント。

ペイントエリアの外側から、ゴール下へ体をややナナメにして入って行く。

肩からディフェンスの前に入り込む

オフェンスリバウンドは、いかにディフェンスの前に出るかがポイントとなる。ポジション争いを制してリバウンドを成功させることが、インサイドで戦う選手の役割だ。その際に有効なテクニックのひとつに、ストレートがある。素早い動作で前に出るプレーで、**体をやや横向きにして肩から入って行く。これによって鋭い動作となり、ディフェンスをすり抜けることができる。**

このとき、腕をうまく使えるとより効果的だ。ディフェンスは腕を使ってくるので、自分の腕を上から振り下ろして払う。そうすることで、腕でつかまえられることなく前に入り込める。またディフェンスが腕を高めにあげている場合は、下から潜り込むのも手だ。前に出ることができたら、ブロックアウトをして抑え込む。目線はボールに向ける。

POINT③
ブロックアウトする
POINT②
腕を使って前に出る

ディフェンスの前に入ってブロックアウトの姿勢をとり、リバウンドに備える。

腕を前に振り下ろして、体を抑えているディフェンスの腕を払い、前に出る。

ディフェンスが体を当ててきたら、相手の側の腕を振りあげる。

プラスワンアドバイス

最初にディフェンスを押してコースをつくる

ストレートを成功させる上で重要になるのが、最初の動作だ。正面から当たるとブロックされてしまうので、まず最初にディフェンスを押して一方に寄せる。これによって入り込むコースが生まれるので、その方向にステップで進もう。ターンする瞬間を狙うと効果的だ。

コツ 07

オフェンス②押し込み

ディフェンスを押してゴール下に入る

CHECK POINT!
1. ディフェンスに密着
2. 足の間に踏み込む
3. ボールを目でとらえる

パワーで相手を制し ゴールへと近づく

ディフェンスをパワーで制して、オフェンスリバウンドのポジション争いに勝つ方法もある。ブロックアウトをされている状況で、後ろから押し込んでゴール下に入っていくテクニックだ。自分をマークする相手にパワー面で勝っていたり、ブロックアウトが甘い場面で効果を発揮する。**ポイントは、重心を低くして下半身から進んでいくこと。ディフェンスの足の間に踏み込み、グイグイと押してゴールへと接近していく。**このとき、手を使うとファウルになってしまうので注意が必要だ。体で押していく意識で動作しよう。

相手をゴールの真下まで押し込めると有効だ。ゴールの真下はリバウンドが絶対に落ちてこない位置なので、押し込むことでディフェンスを一人、無効化できるのだ。とはいえ、大きく動かすのは難易度が高い。

POINT 1 ディフェンスに体を当てて密着する

ブロックアウトしてくるディフェンスに対して、体を密着させる。このとき、重心を落として体を前傾させる。これにより、自分の体重をディフェンスにかけて押し込むことができる。相手も負けないように力をかけてくるので、パワーを発揮しよう。

POINT 2 足の間に踏み込み下から突きあげる

構えるディフェンスの足の間に進み足を踏み込み、ゴールへと進む。このとき、モモを当てて突きあげるように動作することがポイント。これにより、ディフェンスの足を浮かせてバランスを崩すことができるようになり、押し込みやすくなる。

POINT 3 ボールから目を離さずタイミングをはかる

押し込みながらも、ボールを常に目線でとらえておくことが大切だ。シュートの軌道を見極めつつ、ボールがゴールリングに弾かれたら、素早くリバウンドをとりに行く。ディフェンスはバランスを崩しているので、先にキャッチできる可能性が高い。

プラスワンアドバイス

手で押すとファウルになるので注意

押す際に、手を使ってしまうとファウルになる。チャンスを潰すことになるので充分に注意しよう。腕はディフェンスの体に添えるだけにして、下半身から全身で押して行く意識を持って動作することが大切だ。それでも押し込めない場合は、別の方法に切り替える。

CHECK POINT!

1. 前に力をかけて押す
2. バックステップする
3. ストレートで前に出る

コツ 08

オフェンス③ステップバック

後ろにステップしてバランスを崩す

ディフェンスの動作を誘導するテクニック

しっかりとブロックアウトをされても、ディフェンスをかわすことは可能だ。そのために有効なテクニックに、ステップバックがある。ステップバックとはステップで小さく後退するプレーのことをいうが、オフェンスリバウンドの場合には、その前にディフェンスを前に押す動作が入る。

するとディフェンスは、こちらがパワーでの突破を狙っていると勘違いし、**その力に対してより強い力で対抗しようと体重をかけてくるので、その瞬間に後ろに一歩ステップしよう。**これにより、ディフェンスはバランスを崩すので、そのスキに前に出ることができる。

バランスを崩すといっても小さな動きなので、よくディフェンスを観察して見極めることがポイントだ。タイミングを逃さないように、集中してプレーしよう。

POINT 1 ディフェンスを前に強く押す

ブロックアウトされた状態で、ディフェンスに対して強い力をかけて押す。重心を落とし、強くグッと押し込むことがポイントだ。なお、このときに腕を使ってしまうとファウルをとられるので注意。足を踏み込んで全身で当たろう。

POINT 2 後方にステップしバランスを崩す

一度強く押したところから、素早く後方にステップする。ディフェンスは踏ん張っていた状況からいきなり支えがなくなるため、バランスをキープできない。体勢が崩れるので、そのタイミングを見逃さずにワキからすり抜けて前に出る。

POINT 3 前に出る際はストレートを使う

ディフェンスのバランスが崩れたところで、前に出る。この動作はストレートと同様だ。ステップバックから素早くステップすることがポイントとなる。なお、大きなスキができている場合には、腕を振り下ろす動作を省略しても良い。

プラスワンアドバイス

ステップバックは大きくしっかり下がる

ステップバックでは、充分に下がることが重要。後ろに大きく踏み込んで、自分とディフェンスの間にスペースをつくろう。これにより、ストレートでワキを抜けるコースが生まれる。ステップバックが小さくなると、ディフェンスに対応されるので注意。

コツ 09

オフェンス④バックロール
回転してブロックアウトをかわす

POINT❶
一方に踏み込む

ベースライン側に足を踏み込み、その方向から抜くと見せかけてディフェンスを一方に寄せる。

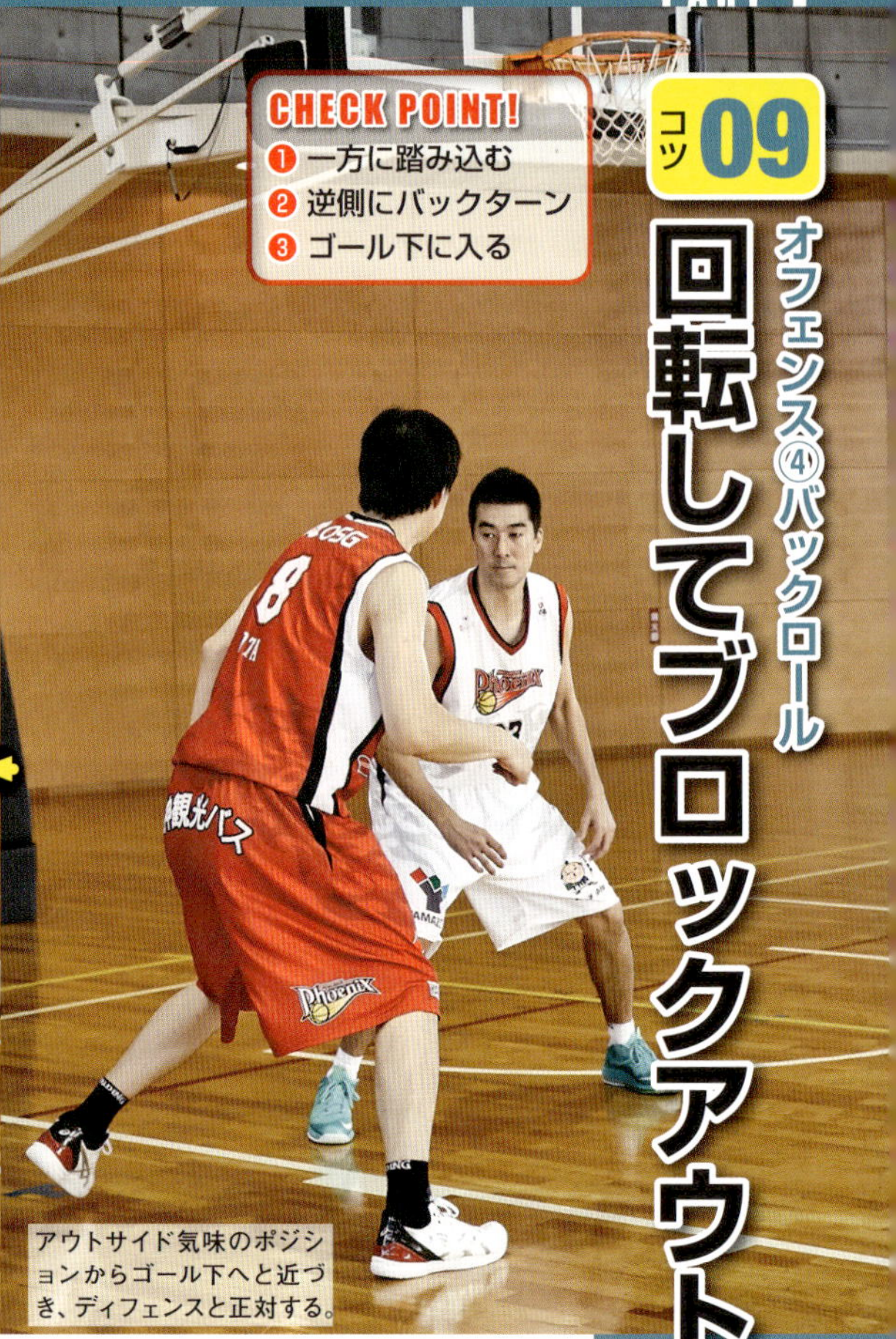
CHECK POINT!
❶ 一方に踏み込む
❷ 逆側にバックターン
❸ ゴール下に入る

アウトサイド気味のポジションからゴール下へと近づき、ディフェンスと正対する。

踏み込んだ足を軸にしてターンする

ブロックアウトをされる前に、ターンでかわすテクニックをバックロールという。アウトサイド気味にポジションをとっている場面では、シュートと同時にディフェンスが寄って来て動きを抑えようとしてくる。その正対している状況で、**ディフェンスの前でフリースローライン側の足を踏み込み、その足を軸にバックターンするプレーだ。**最初に踏み込む一歩で、ディフェンスの意識を引きつけることがポイント。それによって生まれたスキをつけば、体を当てられる前に抜き去れる。

しかし動作が遅いと察知されてコースをふさがれるので、ある程度のスピードが求められる。ターンする際に、顔を先行させると回転が速くなるので意識しよう。首が回ることで体も連動し、スピードがアップするのだ。視野を確保する意味でも大切な動作となる。

入れ替わったら腕を広げてディフェンスを警戒し、リバウンドに備える。

POINT③
ゴール下に入る

ディフェンスを背にして軸足を踏ん張り、ナナメ前方向へと素早くターンする。

POINT②
逆側にバックターン

さらにその前に逆側の足を踏み込み、その足を軸にしてバックターンを開始する。

プラスワンアドバイス

視野の確保を意識してターンする

バックターンは体を大きく回転させるプレーであるため、回っている瞬間は視野が極端に小さくなる。しかしボールの位置やゴール下の状況がわからないとリバウンドができない。ターンする際には顔を先行させて回り、なるべくその時間を短くして視野の確保に努めよう。

PART 2
ポストプレー

PLAY

ゴール下でパスを受け攻撃をしかけるプレー

攻撃時にペイントエリアの付近で、ボールを受けることをポストプレーという。ゴールの近くは相手にとって危険なエリアであるため、ディフェンスを背負って行うことがほとんどだ。その際に重要になるのが状況把握。人が密集するゴール下はどこからディフェンスの手が伸びてくるかわからないので、自分をマークしている相手はもちろん、コート全体の位置関係を確認する必要があるのだ。状況把握を徹底できると、しっかりとしたボールキープが可能になる上に、シュートのタイミングやパスコース、ドライブのスペースを見つけられるようになるため攻撃の成功率がアップする。

とはいえ、ゴールに背を向けている体勢なので後ろが見えづらい。パスを受ける前に一度見ておき、キャッチしたところでまた改めて肩ごしに確認する二段構えで全体を把握する習慣をつけよう。

コツ 10

ピボットカット 反転してポジションを入れ替える

POINT❶
足の間に踏み込む

踏み込みで接近したら、半身の姿勢で体を当ててディフェンスに密着する。

CHECK POINT!
❶ 足の間に踏み込む
❷ 後方にターンする
❸ ペイントエリアに侵入

正対するディフェンスの、広げている足の間にターンする側の足を踏み込む。

ディフェンスに密着してターンする

インサイドはゴールに直結するエリアであるため、ディフェンスの警戒意識が強く、パスを通さまいとハードにマークしてくる。センターはそのディフェンスと勝負し、良いポジションをとらなければいけない。その際、力任せのプレーばかりでは限界がある。テクニックを駆使してポジショニングすることが大切だ。

そのテクニックのひとつに、ピボットカットがある。**ディフェンスに対して正面に足を踏み込み、接近したところで踏み込んだ足を軸に後ろに反転するプレーで**、ポジションを入れ替えることができる。ポイントは、ディフェンスの開いた両足の間に踏み込んで、体を密着させること。これにより、相手の動きを封じながらターンできる。

POINT②
後方にターンする

踏み込んだ足を軸にして、後方にターンする。リズムよく動作することが大切。

POINT③
ペイントエリアに侵入

ペイントエリア内に足を踏み込む。これにより、体が開いて動きやすくなる。

プ ラ ス ワ ン ア ド バ イ ス

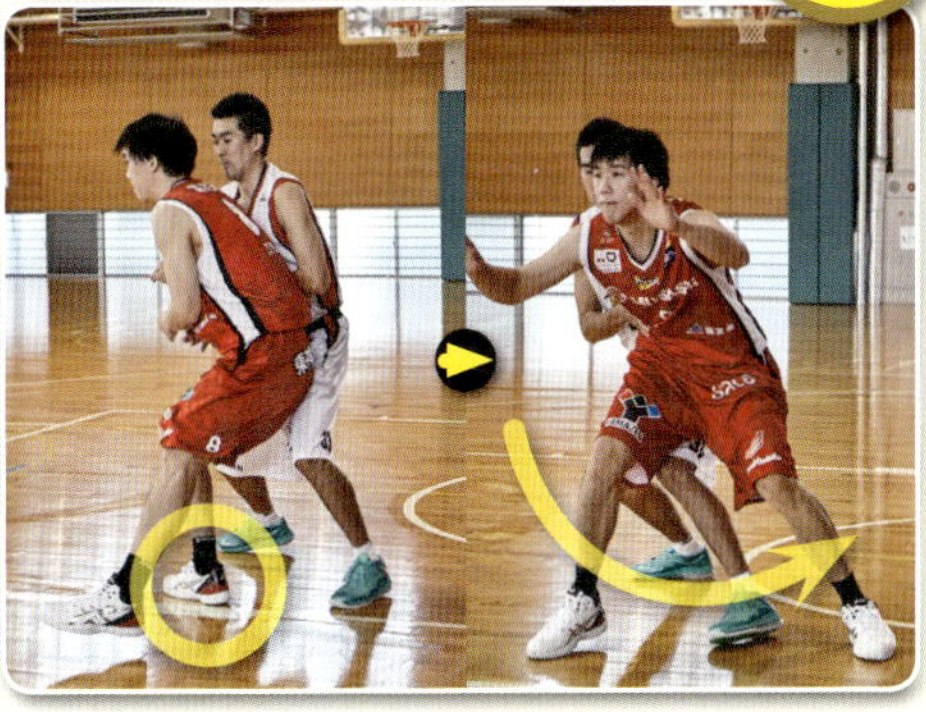

逆側にターンする テクニックも身につける

逆側の足を軸足にしてピボットカットをするパターンもマスターし、対応力を高めよう。方法は同じなので、すぐに身につけられるだろう。重心を落とした姿勢で、素早くターンすることがポイントだ。また、ターンした後にディフェンスをしっかり抑えることも大切。

コツ 11

シール①背後にDFがいる場面

ディフェンスの前にポジションをとる

CHECK POINT!
❶ 重心を低く構える
❷ 尻を押し当てる
❸ 手をあげてパスに備える

体を当てて相手をブロックする

インサイドでパスを受けるために重要になるのがシールだ。ゴール下にポジションをとり、パスを受けられる体勢をとるプレーで、「面を取る」と言われることもある。このとき、いかにディフェンスを抑えるかがポイントになる。ディフェンスはパスを通させまいとプレッシャーをかけてくるので、前に出られないようにブロックする。

足幅を広めに立ってやや腰を落とした姿勢をとり、尻をディフェンスのモモに押し当てる。これにより、相手の動きを抑えることができる。腕は高くあげて、パスを要求する。このとき、手の平を開いてボールマンに向ける。また、背中でディフェンスを抑えている状況であるものの、パスをカットしようと後方から腕を伸ばしてくる場合があるので、その際には一方の腕を使ってガードしよう。

CHECK POINT!

1. 片腕でブロック
2. 体重をかけて抑える
3. 体はボールマンに向ける

コツ 12

シール②横にDFがいる場面

ヒジを当ててディフェンスを抑える

横からのマークに対応する

ディフェンスがポストで、横方向からマークしてくる場合もある。その際には、尻をディフェンスのモモに当てることができないので、センターライン側の腕を使ってブロックする。**ヒジを曲げて前腕（ヒジ下の腕）を相手の胴体に押し当て、接近できないように抑える。**このとき、腕一本では力負けしてしまうので、重心をややディフェンス側に傾けることがポイントとなる。後方からディフェンスにつかれる場合と同様に、重心を落とした姿勢をとることも大切だ。

体の正面は、ボールマンに向けよう。ローポストでのシールでは主にウイング（ゴールから45度の位置）にいる味方がボールマンになる場合が多いので、ベースライン側の足をやや前に出し、フリースローレーンに対して体の角度がナナメになる体勢をとる。

コツ13 ボールミート①シール
片腕でディフェンスをブロックする

CHECK POINT!
❶ 小さくジャンプしてキャッチ
❷ ボールを胸の前で持つ
❸ ラインと平行に立たない

味方からパスが出たところで、ディフェンスから手を離して両手で待ち構える。

シールの体勢をとって、ディフェンスがパスコースに入って来ないように抑える。

ディフェンスから遠い位置でミートする

シールすることに成功しても、ディフェンスは後ろや横から腕を伸ばして、インサイドに入るボールのパスカットを狙ってくる。そのためパスを受ける際には、ディフェンスからなるべく遠い位置でミートすることが重要になる。それには、腕の使い方がポイントだ。**センターライン側の腕のヒジをディフェンスの胸のあたりに当て、近づけないように抑える。これにより、相手との間にスペースが生まれ、パスコースを確保できる。**

パスキャッチでは、ボールにタイミングを合わせて両手でつかみとる。外側に小さくジャンプしながら行うと、距離ができるためより安全だ。ボールを手に収めたらすぐに胸の前に置き、同時にディフェンスを見よう。これにより、ボールをキープすると同時に素早くしかけのプレーに移れるようになる。

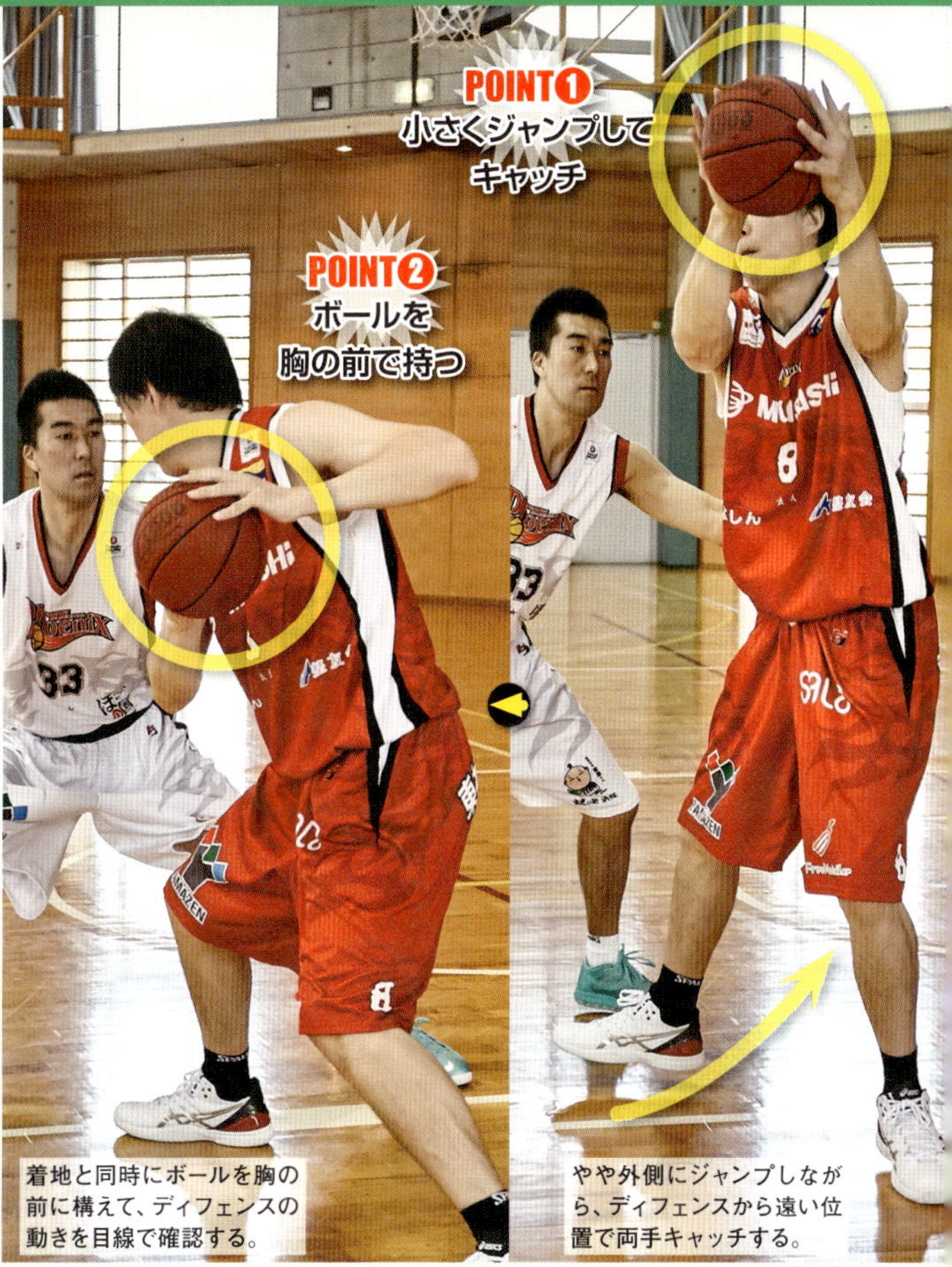

POINT❶
小さくジャンプしてキャッチ

POINT❷
ボールを胸の前で持つ

着地と同時にボールを胸の前に構えて、ディフェンスの動きを目線で確認する。

やや外側にジャンプしながら、ディフェンスから遠い位置で両手キャッチする。

POINT❸
ラインと平行に立つのはNG

両足がペイントエリアの縦ラインと平行になると、パスコースを消される。ベースラインと平行にする意識で立とう。

プラスワンアドバイス

ディフェンスを背後で抑える場合も同様にキャッチ

シールでディフェンスを自分の後方で抑えている場面でも、ボールミートの方法は同じだ。キャッチする際には、外側にジャンプするというより、ボールを迎えに行くような意識で取り組もう。ディフェンスを視野に入れづらいので、背中で感じながらミートすることがポイント。

コツ 14

ボールミート①フラッシュ

ハイポストに走り込んでパスを受ける

CHECK POINT!
1. ディフェンスの方向に走る
2. 体を当てて動きを止める
3. ハイポストに移動する

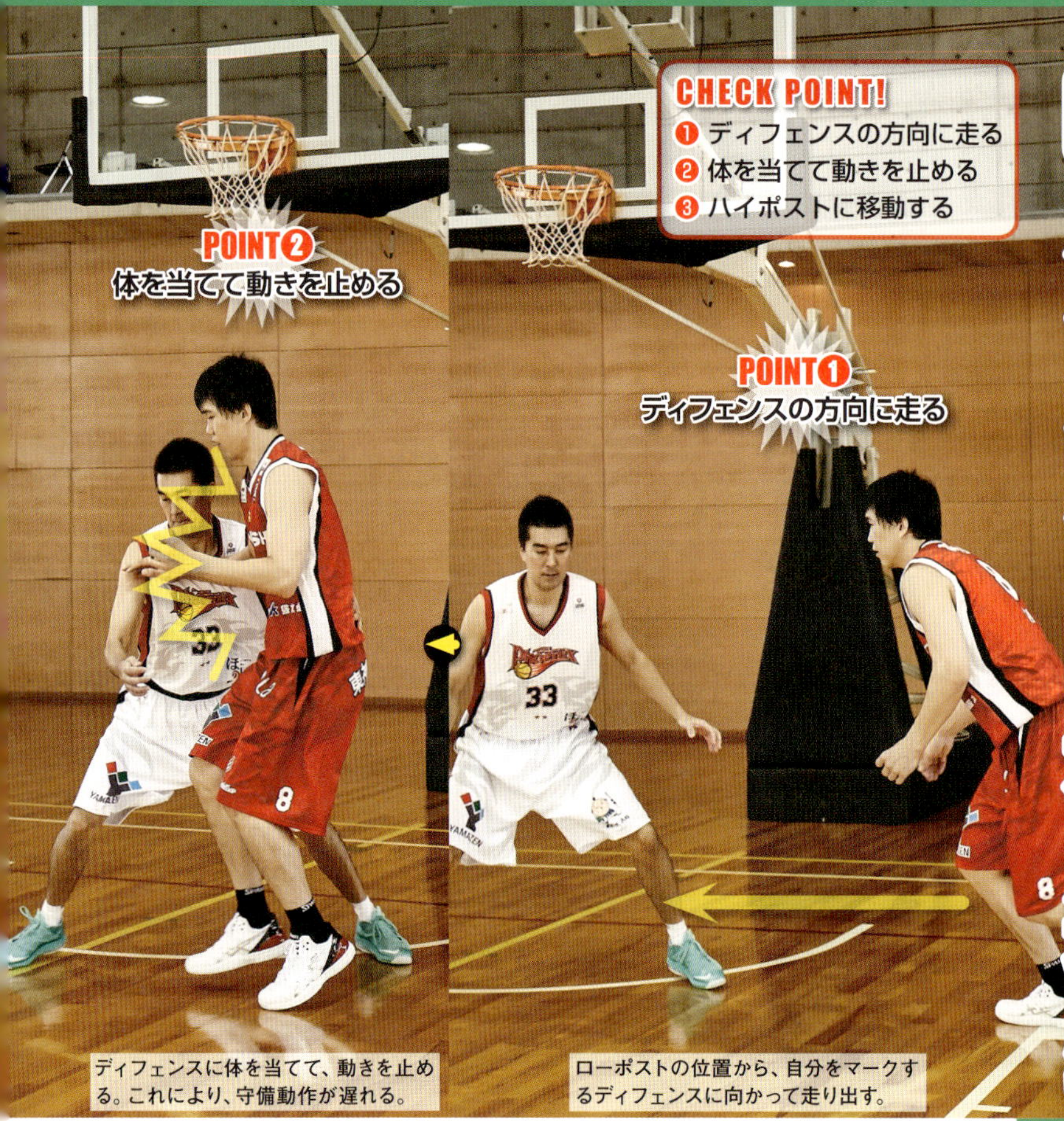

ディフェンスに体を当てて、動きを止める。これにより、守備動作が遅れる。

ローポストの位置から、自分をマークするディフェンスに向かって走り出す。

ディフェンスに体を当てて マークを引きはがす

パスを受ける方法として、フラッシュというテクニックがある。ヘルプサイドからボールサイドに走り込んでパスを受けるプレーで、センターはローポストからハイポストに走り込むパターンが多い。大きく移動することがあまりないセンターが走り込むことで、ディフェンス陣をかく乱できる有効なテクニックだ。繰り出すタイミングとしては、ボールマンがウィングで身動きがとれずにいる状況が効果的。状況把握をして判断しよう。

成功させるためのポイントは、自分をマークするディフェンスがパスコースに入れないように、体を当てること。これによりディフェンスが出遅れて、確実にパスを受けることができる。上手くマークをはがすことができれば、パスキャッチからそのままミドルシュートやドライブをしかけられる。

両手で確実にパスをキャッチ。ディフェンスとの間にスペースがあったらしかける。

POINT③
ハイポストに移動する

ステップでハイポストに方向転換。体をボールマンに向け、両手をあげてパスを要求する。

プラスワンアドバイス

ヘルプディフェンスは体を当てずにフラッシュ

自分をマークする相手が、ボールマンに対するケアに重点を置くヘルプディフェンスで守っている場合は、自分との間に距離がある。そのため、最初に体を当てて動きを止める動作を省略してもフラッシュを成功させることができる。ディフェンスの位置を見て判断しよう。

コツ 15

パワーリバース①ベースライン

ディフェンス側の足を引いてターンする

CHECK POINT!
1. 片足を引いてターン
2. ボールを低く振る
3. ドライブをしかける

シールに成功しパスをキャッチできたら、ディフェンスとやや間を空けて構える。

ディフェンス側の足を引いて、ベースライン側に踏み込む。同時に腕も振り始める。

最小限の動きで素早く反転する

ミドルポスト、ローポストでパスを受けることができたら、チャンスを活かしてゴールを狙おう。しかし、シールはゴールに背を向けて行うプレーであるため、シュートに持ち込むためにはターンする必要がある。ターンにはさまざまな方法があり、その最も基本的なテクニックがパワーリバースだ。**ゴールから遠い側の足を軸に、フリーフットをベースラインの方向に踏み込んで体を反転させるテクニック**で、そのままドライブに持ち込んでゴールへと突破を狙うことができる。

ディフェンスの正面でボールを動かすプレーであるため、ボールを低い位置で振る動きが重要。中途半端な高さだとディフェンスにスティールされるので、手が出ない高さを意識する。また、スピードをつけることも大切。ターンに合わせて勢い良く腕を振ろう。

POINT2
ボールを低く振る
POINT3
ドライブをしかける

ボールを振る際には、低い位置で行うことが大切。スティールを回避できる。

ボールを振り終えたところから、そのまま重心を前にかけてドライブをしかける。

プラスワンアドバイス

ボールを高い位置でスイングする方法もある

低い位置でスイングするのがセオリーだが、反対に高い位置でボールを振る方法もある。相手が低く構えていたり、自分より高さがない場合に有効だ。スティールされないように、ディフェンスの視野の外でボールを動かすことを意識しよう。また、スピードも重要だ。

コツ 16

パワーリバース②フリースローライン

ターンしてミドルドライブをしかける

CHECK POINT!
1. フリーフットをあげて後方に引く
2. ボールを低く振ってターン
3. ミドルドライブで突破

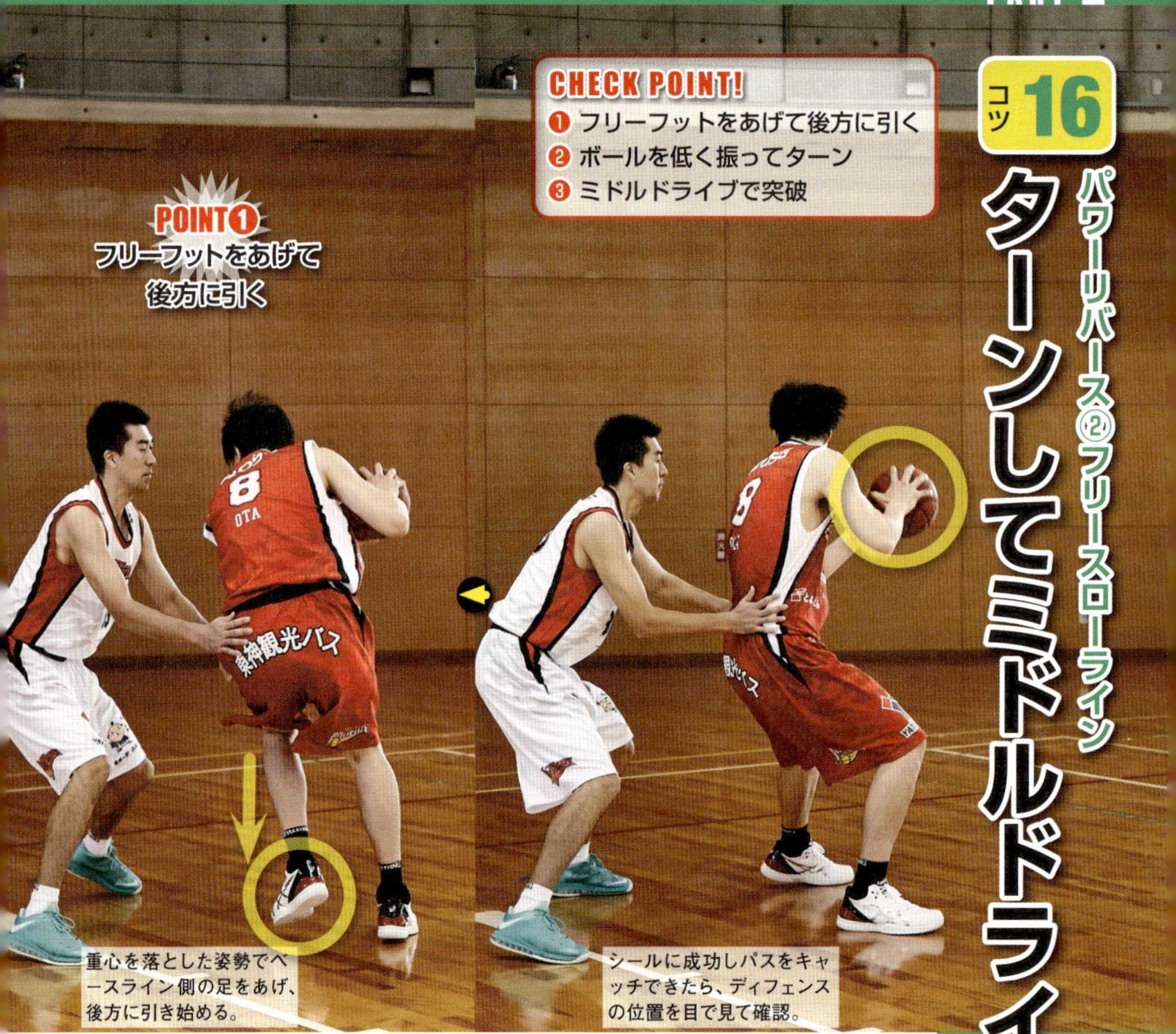

重心を落とした姿勢でベースライン側の足をあげ、後方に引き始める。

シールに成功しパスをキャッチできたら、ディフェンスの位置を目で見て確認。

ベースライン側の足を引いてターンする

パワーリバースは、軸足を変えることでターンする方向を逆回りに変えられる。シールに成功しパスをキャッチした状況から、ベースライン側の足を引いてターンする動作となる。**勢い良く動作すれば、ターンからそのままミドルドライブ（フリースローライン側へのドライブ）で突破することが可能だ。**ディフェンスがベースラインドライブを警戒していたり、背後からマークについている場面で有効なので、相手の位置を見て判断しよう。

ポイントは、コンパクトな動作でターンすることだ。ミドルドライブは人が密集するゴール正面のエリアから突破をはかるテクニックなので、大きな動作でドライブコースがふくらむと、それだけ防がれるリスクが高まる。成功させるためには、ゴールへと向かう最短コースを進むことが重要になるのだ。

POINT②
ボールを低く振ってターン

ペイントエリア内に踏み込んで体を開き、ボールを低い位置でスイングする。

POINT③
ミドルドライブで突破

ターンからディフェンスのワキをすり抜けて、ミドルドライブをしかける。

プラスワンアドバイス

トラベリングに注意 ドリブル前に軸足をあげない

パワーリバースでフリースローライン側へ突破するテクニックは、特にトラベリングをとられやすい。ターンからドリブルへの動作で、ボールをつく前に軸足をあげてしまうとトラベリングになるので注意しよう。トラベリングにならない動作のリズムを身につけることが大切。

コツ 17

ベースラインポスト

横向きにドリブルしてゴールを狙う

CHECK POINT!

1. 片足をゴール方向に踏み込む
2. 重心を低くしてターン
3. 足を揃えてシュート体勢

ポストでパスを受け、フリースローライン側にボールを向けてフェイクを入れる。

コーナー側の足をペイントエリア内に踏み込んで、ディフェンスを背にターン。

スライドステップで最短距離を進む

ポストからパワーで突破し、一気にシュートまで持ち込むテクニックがベースラインポストだ。シールの体勢から、**ディフェンスを背にしてベースライン側の足をペイントエリアに踏み込み、そのままシュートするダイナミックなプレーとなる。**パワーリバースとは異なりディフェンスと対面せずにゴールまで進めるので、体でブロックすることができる。そのため、スティールされる危険が低い。鋭い回転でディフェンスを振り切り、確実なシュートで得点を奪おう。

強力なテクニックだが、ディフェンスがベースライン側のコースをケアしている場面では繰り出しづらい。最初にセンターライン側へフェイクを入れてミドルドライブやパスを警戒させ、フリースローライン側にディフェンスを寄せてからしかけよう。

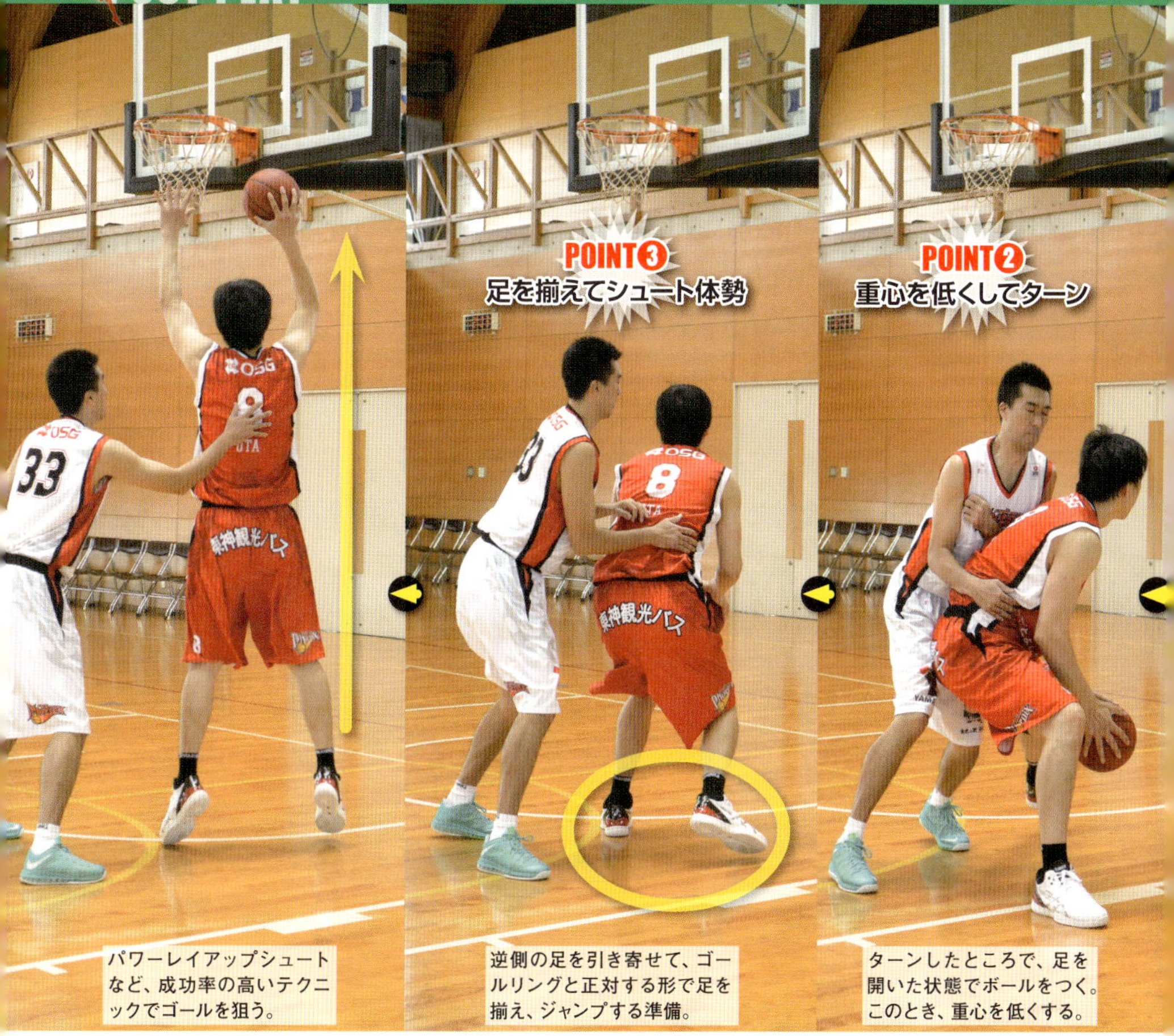
POINT❷
重心を低くしてターン
POINT❸
足を揃えてシュート体勢

ターンしたところで、足を開いた状態でボールをつく。このとき、重心を低くする。

逆側の足を引き寄せて、ゴールリングと正対する形で足を揃え、ジャンプする準備。

パワーレイアップシュートなど、成功率の高いテクニックでゴールを狙う。

プラスワンアドバイス

重心を低くして コンパクトにターン

ターンする際には、腰を落とした重心の低い姿勢で動作する。これにより、コンパクトに素早く回ることができる。なお、ターン中に行うドリブルは、足を開いているときに体の正面でボールをつく。横に動きながらのドリブルになるが、重心が低ければ失敗することはない。

コツ 18

パス①アウトサイド

ポストからシューターにパスする

CHECK POINT!
1. 頭の上でボールを持つ
2. スナップでパスを出す
3. ロングシュートを打たせる

高い位置から速いロングパスを通す

センターにはインサイドで攻撃の起点となる「第2の司令塔」としての役割もあるため、パス技術が必要不可欠。なかでも重要なのが、逆のアウトサイドへのロングパスだ。センターがポストでボールを受けると、相手チームのディフェンス陣はインサイドでの攻撃展開を警戒して収縮する。これによりアウトサイドへのマークが甘くなるので、センターに外の選手へパスを通す技術があれば、ロングシュートを打つチャンスをつくり出せる。

距離が長い分、パスカットされる危険が高いので注意が必要だ。パスを成功させるためには、速いパスを出すことが大切。**高い位置から短い振りで、味方へとまっすぐ進むパスを出そう。スナップを利かせることがポイントだ。** また自分をマークするディフェンスに、パスを予測されないことも重要。

POINT 1 体を伸ばして頭の上にボールをセット

アウトサイドの味方にパスを通せると判断したら、パスを出す前の準備体勢をとる。自分をマークするディフェンスの上から出せるように、体を伸ばして高さを持たせ、ボールは自分の頭の上にセットする。このとき、両手で持ちヒジをやや曲げる。

POINT 2 スナップを利かせてスピードのあるパスを出す

小さな振りでパスを出す。タイミングよく手首を返すことができれば、スナップによって強い回転がかかり、スピードが出る。まっすぐ進む軌道を目指そう。なお、パスする瞬間に小さくジャンプするとさらに高い位置からの出すことができる。

POINT 3 スリーポイントシュートを打たせることが目的

アウトサイドでフリーになっている味方にパスを通して、スリーポイントシュートを打たせることが目的。ヘルプサイドの遠い位置は、特にマークが甘くなるエリアなので、シューターは落ち着いて打てる。3点を奪うチャンスをパスでつくり出そう。

プラスワンアドバイス

振りかぶりが大きいと予測される

強いパスを出そうと意識すると、ボールを大きく振りかぶってしまうが、これはNGだ。マークにつくディフェンスにロングパスを出すことを見破られ、対応されてしまう。また、後方から別のディフェンスにボールをカットされる危険もある。

コツ 19

パス②カット（ベースライン）

走り込む味方にバウンズパスを通す

CHECK POINT!

❶ キープして待つ
❷ バウンドさせてパス
❸ ハンドオフも有効

走るスピードに合わせてコントロールする

センターがポストでボールを持った場面では、そのチャンスを活かすために味方選手がインサイドにカット（パスを受ける動き）してくる。そのひとつのパターンとして、ベースラインカットがある。ボールマンのベースライン側からインサイドに走り込むテクニックで、ボールを保持するセンターはこの動きに合わせてパスを出す必要がある。その際に最も有効なのが、バウンズパスだ。ボールをバウンドさせることで、走り込みに合わせやすくなる。パスが成功すれば、そのまま味方にシュートを打たせることができる。

ポイントは、カットの軌道上にボールをコントロールすることだ。**味方の手を目がけてパスを出すとスムーズにつなげないので、体のやや前でバウンドさせてスピードを緩めることなくキャッチできるように出す。**

POINT ❶ ディフェンスを抑えつつタイミングをはかる

ウィングから味方がカットしてきたら、インサイドに入ってくるまでボールをしっかりとキープする。ディフェンスを抑えつつ、タイミングをはかろう。このとき、パスを出すことを悟られないように、ドライブやシュートもできる構えをとる。

POINT ❷ ボールをバウンドさせパスをつなぐ

ベースライン側の手で、ボールをバウンドさせてパスを出す。スナップで力を調節し、味方のキャッチしやすい高さに合わせる。また、カットの軌道上にボールを置いて、走り込みのスピードを落とさずにつなげるようにコントロールすることも重要。

POINT ❸ 真横にカットしてくる場合にはハンドオフ

味方がベースライン側にふくらまず、まっすぐ自分の真横のコースをカットしてきた場合には、ハンドオフのパスが有効だ。ボールをベースライン側の手の上に乗せ、味方の胸の前にセットし、手渡しするようにボールをつなぐテクニックだ。

プラスワンアドバイス

ハンドオフしたら素早くゴール下に移動

ハンドオフを受けた味方は、ボールミートからそのままミドルシュートを打つことが多い。そのためセンターは、パスを出したあとゴール下に入りリバウンドに備える。自分をマークしていたディフェンスがシューターについたら、フリーでリバウンドできる。

コツ 20

パス③ゴールカット

高い位置からゴール前にパスを出す

CHECK POINT!

1. 片手にボールを乗せる
2. 1番高いところから出す
3. ターンできたらバウンズパス

滞空時間の短いパスを出し成功率をあげる

ポストでは、高さを活かした浮き球のパスも有効だ。ゴールリングへとカットインするゴールカットに対しては、ディフェンスの上を抜くパスでボールをつなごう。成功すれば、ゴール正面でパスを受けた味方は、キャッチからそのままシュートに持ち込める。

しかし浮き球のパスには、ディフェンスにカットされやすいという弱点もある。山なりの軌道は反応しやすいのだ。その危険をなるべく低くするために、**ボールを高い位置でリリースしよう。これによってパスの滞空時間が短くなり、奪われづらくなる。**

またターンに成功するなどしてゴールに体を向けている状況では、バウンズパスを正対するディフェンスの横からベースライン側に通してつなぐ方法も有効。低い位置から出せるため、より安全なパスとなる。

POINT ❶ 手の平にボールを乗せ高く持ちあげる

上からパスを出す場合には、ディフェンスから遠い側の手でボールをリリースする。そのためにまず、手の平の上に乗せてディフェンスの手が届かない位置で、高く持ちあげよう。このとき、顔はゴールの方向に向けて味方のカットインを確認する。

POINT ❷ 体を伸ばし最高点でリリース

腕を真上に伸ばし、リリースする。このとき、背スジも伸ばして最も高い位置からパスを出すことが大切。これにより、ディフェンスに奪われることなくパスできる。コントロールは手首のスナップで行う。軌道が山なりにならないように注意しよう。

POINT❸ ターンに成功したらバウンズパスで通す

パワーリバースなどでターンに成功し、ディフェンスと正対した状況に持ち込むことができたら、走り込む味方へバウンズパスを通す。やや距離が長いので、低い軌道でスピードをつけることがポイントだ。味方がキャッチからワンステップでシュートできるように、ベースライン側からゴールのすぐ前の位置にコントロールしよう。

コツ 21

パス④ハイ・ロープレー
ハイポストから高く速いパスを出す

CHECK POINT!
❶ ハイポストにフラッシュ
❷ 高く速いパスを出す
POINT❶
ハイポストに
フラッシュ
POINT❷
高く速い
パスを出す

ハイポストを経由して ゴール下に展開する

ツーセンターのフォーメーションなどでインサイドに二人の選手がいる場合には、ハイ・ロープレーが可能になる。インサイドの選手同士でボールをつなぐテクニックで、ハイポストからローポストへと展開することからこの名称で呼ばれる。繰り出すタイミングは、ボールサイドのポストがきついマークに苦戦しており、パスが通らない状況。ヘルプサイドからフラッシュしてハイポストに移動し、フリーでパスを受けてローポストの味方へパスする。ワンクッション入れることで、ゴール下にパスをつなげる状況となるのだ。

このとき、パスは浮き球で出す。**ビッグマン同士のパスつなぎとなるため、高さを活かした軌道が最も有効なのだ。**ボールを高く構え、ディフェンスを振り切ったローポストの味方へと高く速いパスを出そう。

POINT❶
フラッシュに
合わせてターン

POINT❷
ゴール下で
パスを受ける
CHECK POINT!
❶ フラッシュに合わせてターン
❷ ゴール下でパスを受ける

コツ 22

ハイ・ロープレーのパスキャッチ
味方のフラッシュに合わせてターンする

ディフェンスを引きつけターンではがす

ハイ・ロープレーの受け手は、タイミングが重要だ。**ヘルプサイドがフラッシュしてハイポストにあがり、ディフェンスの意識が自分から逸れたところでターンする。そのままペイントエリアに侵入し、ゴール下でパスを受けよう。**焦ったり遅れるなどするとマークをはがすことができないので、味方の動きの把握がポイントになる。

また、マークを充分に引きつけることも大切。ウィングのボールマンへと腕を伸ばし、パスを受けるための動作をしよう。すると、ディフェンスはきつくディナイしてくる。前へ前へと動かすことができれば、それだけターンしたときの効果があがるのだ。パスを受けたら、ドリブルなしでシュートに持ち込む。時間をかけるとディフェンスに追いつかれるので、リズム良く動作しよう。

PART 3

インサイドシュート

SHOOT

多くのテクニックをマスターして選択肢を増やす

ポストからのシュートはインサイドのゴールに近い位置から打つプレーであることから、成功率が高いと思われがち。しかし実際は、確実に一人から二人のディフェンスがゴールを守っているので、そう簡単には決められない。重要になるのは、シュートのバリエーションだ。ディフェンスのポジショニングや自分の位置などから、より確実な方法を選び出せるだけの選択肢が必要になるので、多くのテクニックをマスターしなければならない。

特に、ゴールから遠い側の手でシュートする技術は必須だ。ディフェンスは正面から守りにくることが多いので、パワーレイアップシュートやフックシュートといった、ゴール側の腕でディフェンスをブロックできるテクニックが有効なのだ。加えて、フェイドアウェイシュートなどの高等技術も身につけられると武器になる。

コツ 23

レイアップシュート

ボールを持ちあげてシュートする

CHECK POINT!

❶ ボールを手に乗せてジャンプ
❷ ヒザをあげると高く跳べる
❸ ゴールの近くでシュートする

ポストからドリブルを開始する。ドリブルは、ベースライン側の腕で行う。

ペイントエリアに入ったところで、踏み切り足をゴールの手前に踏み込む。

確実性の高いシュートを身につける

ランニングシュートで最も基本的なのがレイアップシュート。ボールをゴール付近まで持ちあげて打つため、確実性が高く試合で多用する。インサイドが主戦場のセンターは、スピードに乗ったドリブルからシュートを打つことは少ないが、1対1の勝負においてレイアップシュートは不可欠だ。

ポストでボールを受けたら、一度のドリブルとステップでペイントエリアへと侵入し、**ゴールの手前でベースライン側の手にボールを乗せ、その対角の足で踏み切ってジャンプする。**このとき、踏み切り足と逆側の足のヒザを高くあげると、より高くジャンプできるので意識して動作しよう。リリースはゴールの近くで、指先でバックスピンをかけて行う。このときバックボードを活用すると成功率がアップするので、手前のワクを狙おう。

POINT1
ボールを手に乗せて
ジャンプ
POINT2
ヒザをあげると
高く跳べる
POINT3
ゴールの近くで
シュートする

ベースライン側の手にボールを乗せて、高く持ちあげながらジャンプする。

ボールを持つ手と同じ側のヒザを高くあげると、ジャンプ力がアップする。

ゴールの近くでリリースする。ボールに逆回転をかけるとコントロールしやすい。

プ ラ ス ワ ン ア ド バ イ ス

逆側の腕もあげて ディフェンスをブロック

センターはインサイドに人が密集している状況でシュートを打つことが多い。そのため横からディフェンスに守られる危険があるので、ボールを持っていない側の腕も持ちあげてブロックしよう。バンザイのような姿勢をとることを徹底すれば、シュートの成功率があがる。

コツ 24

パワーレイアップシュート
両足ジャンプでレイアップを打つ

CHECK POINT!
1. 片足をゴール方向に踏み込む
2. 足を揃えてヒザを曲げる
3. 両手をあげてジャンプ

フリースローライン側の足をペイントエリアに踏み込み、同時にボールをつく。

ローポストでターンし、ゴールと正対する。ボールは両手で持って構える。

ゴール下で有効なシュートをマスター

ローポストでボールを受けたら、シュートを狙う。その際に効果的なのが、パワーレイアップシュートだ。ドリブルから片足で踏み切るレイアップシュートに対して、両足で踏み切るシュートとなる。強い力で真上にジャンプするパワフルな動作であるため、ボディコンタクトの多いゴール下においても、バランスを崩すことなくシュートを打つことができる。**ポイントは、ゴールから遠い側の手にボールを乗せて持ちあげ、手首と指先を使って逆回転をかけること。**これによって、正確なコントロールが可能となる。バックボードをうまく使ってゴールを決めよう。

　ジャンプストップやターンから素早くフォームに入れるようになると、実戦で活用できるテクニックとなる。基本動作をマスターしたら、さまざまなパターンにトライしよう。

POINT③
両手をあげて
ジャンプ
POINT②
足を揃えて
ヒザを曲げる

ジャンプの最高点でボールをリリースする。バックボードの内側のワクに当てる。

ゴールと遠い側の手に、ボールを乗せてジャンプ。逆側の腕も同じようにあげる。

逆側の足を踏み込んだ足と揃え、ヒザを曲げてジャンプの準備をする。

プラスワンアドバイス

体の面とバックボードを平行にしてシュートする

シュートの成功率をあげるポイントは、体をバックボードに正対させること。これによりコントロールが安定する。体の面とバックボードを、平行にするイメージで動作しよう。また、ドリブルの勢いでジャンプがナナメになることがあるので、真上に跳べるように意識する。

コツ 25

ジャンプシュート
ミドルレンジでゴールを狙う

CHECK POINT!
❶ 額の上にボールをセット
❷ 真上にジャンプする
❸ スナップで回転をかける
POINT❶
額の上にボールをセット
POINT❷
真上にジャンプする

体の前でボールを持ち、足を揃える。ヒザを曲げてジャンプの準備をする。

ボールを利き手の上に乗せて額の上にセット。逆の手でボールを横から支える。

ヒザを伸ばしてジャンプする。真上に跳ぶことが正確にコントロールするポイント。

逆回転をかけて まっすぐコントロールする

ゴールまで距離のあるミドルレンジでは、ジャンプシュートで得点を狙う。センターは特に、ミドル・ローポスト付近から打つことが多いので成功率をあげておきたい。

まずボールを胸元で構えてヒザを曲げて重心を落とした準備姿勢をとり、次にボールを持ちあげて額の上にセット。このとき、ボールは利き手の上に乗せて逆側の手は横から添える程度にする。狙いが定まったらヒザを伸ばして真上にジャンプし、タイミングを合わせてヒジも伸ばして最高点でリリースする。

その際のポイントは、指先でバックスピンをかけること。これにより体を向けている方向へまっすぐコントロールできるようになる。また、動作中に体を左右に揺らさないことも大切だ。シュート後はすぐ腕を下ろさず、しっかりとフォロースルーをとろう。

POINT 3
スナップで
回転をかける

シュート後、すぐに腕を下ろさない。フォロースルーを充分にとる。

タイミングを合わせてヒジを伸ばし、最高点で手首スナップを使ってリリース。

プラスワンアドバイス

ハイポストから シュートする場面も多い

フラッシュなどのプレーから、ミドルシュートを打つ場面も多くある。その際には主にハイポストからゴールを狙うことになるため、バックボードを活用する、いわゆる「バンクシュート」は打てない。リングを直接狙えるだけのシュート精度を身につけておこう。

コツ 26

バックシュート

後ろにコントロールしてシュートを打つ

CHECK POINT!

1. 体をまっすぐにして後ろにシュート
2. パワーバックシュートもマスター
3. パワーレイアップと同じ位置でジャンプ

体を手のひらまでまっすぐ伸ばし、最高点でリリース。回転をかけてゴールを狙う。

レイアップシュートと同じようにドリブルし、ゴールの真下で踏み切ってジャンプ。

ゴールの真下で踏み切り後方にシュートする

レイアップシュートは成功率が高いシュートだが、体の前でボールをコントロールするためディフェンスにブロックされる危険が高い。ディフェンスをかわしてシュートを打ちたい場面では、バックシュートが有効だ。後方にボールをコントロールするテクニックで、カットされづらい特徴がある。

助走はレイアップシュートとほぼ同じだが、踏み切りの位置がゴールの真下となる。ドリブルの勢いでやや前に流れるので、リリースするときにはゴールと丁度良い位置関係になるのだ。リリースでは、ボールを乗せているベースライン側の手の指先で回転をかけ、バックボードに当てる。このとき、手のひらをまっすぐ伸ばすとコントロールが安定する。また、リリースの瞬間までボールとゴールを目線でとらえ続けることも大切だ。

POINT 2 パワーバックシュートもマスターする

パワーバックシュートには、パワーレイアップシュートと同じ踏み切り位置でシュートできるメリットがある。そのため、パワーレイアップと見せかけて逆側からゴールを狙えるのだ。ジャンプする前に腕を振るフェイクを入れれば、ディフェンスの逆をつくことができる。

POINT 3
パワーレイアップと
同じ位置でジャンプ
OSG
8
OTA

バックボードにボールを当ててゴールを狙う。体がやや流れているので注意。

逆側の手にボールを乗せジャンプ。ゴールの外側から振るように持ちあげる。

パワーレイアップシュートと同じ動作でゴール下に入り、同じ踏み切り位置に踏み込む。

コツ27

フックシュート
ブロックの上を抜くシュートを打つ

CHECK POINT!
❶ ドリブルでゴール前に入る
❷ 両手でバンザイの姿勢をとる
❸ 山なりにコントロールする
8
OTA
東神観光バス

体を横向きにしてスナップで放つ

試合では、自分よりも高さのあるディフェンスと勝負することも多い。高さで負けているとミドルレンジでジャンプシュートを打っても、上から叩かれてブロックされてしまう。その不利な場面で有効なのが、フックシュートだ。ゴールに対して横向きになり、遠い側の腕で山なりに放つシュートであるため、ブロックの上を抜くことができる。

しかしジャンプシュートよりもコントロールしづらいので、正確なフォームが身についていないと外してしまう。**ポイントは、シュートする腕をまっすぐ伸ばしてボールを持ちあげたところから、手首のスナップでシュートすること。**指先でバックスピンをかけてまっすぐコントロールしよう。距離があるからといって、ボールに力を与えようと腕を振ってしまうと精度が落ちるので注意。

POINT 1 ペイントエリアにドリブルで侵入する

フックシュートは、ゴールの正面から打つことが多い。ゴール下にポジションをとってスペースを消すディフェンス陣に対し、その上を抜いてゴールを狙うのだ。そのため、まずドリブルでペイントエリアに侵入する。ゴールと反対側の手で行おう。

POINT 2 両手をあげてジャンプする

ゴール前に進んだところでジャンプストップし、ゴールに対して横向きのまま真上にジャンプする。ボールはゴールから遠い側の手で持ち、腕をまっすぐ上に伸ばす。このとき、逆側の腕も同様にあげる。これによりディフェンスをブロックできる。

POINT 3 手首でリリースし山なりにコントロール

ジャンプの最高点で、手首のスナップを使ってリリースする。山なりの軌道でシュートすることがポイントで、これによりディフェンスの上を抜ける。腕を振ってしまうとコントロールが乱れるので、上に伸ばしたまま固定することが大切だ。

プラスワンアドバイス

真横を向いた姿勢でシュート

ゴールに対して、体を真横向きにしてシュートすることが重要だ。ボールを持っていない側の体側を、向ける意識で動作しよう。体の面に角度がつくとブロックされやすくなり、またコントロールも乱れる。成功率に大きな影響を及ぼすので、徹底しよう。

コツ 28

フェイドアウェイシュート
後ろに下がりながらシュートする

CHECK POINT!
❶ ゴールへと体を向き直す
❷ 後ろにジャンプする
❸ フォロースルーをとる

ローポストからゴールの前にドリブル。ボールはフリースローライン側の手で扱う。

ペイントエリアに侵入したところで進行方向側の足を踏み込み、ゴールに体を向ける。

シュートブロックを無効化するテクニック

シュートの高等技術のひとつに、フェイドアウェイシュートがある。やや後方にジャンプしながらシュートを打つテクニックで、ボールに向かって手を伸ばしてくるシュートブロックをかわせるため、非常に効果的だ。マスターすることできれば、マークにつかれている状況でも得点できるようになる。また、ディフェンスのミドルシュートへの警戒心を高めることができるので、フェイントに引っ掛けやすくなる効果もある。ローポストからしかけるパターンを身につけて、攻撃のバリエーションを増やそう。

ポイントは、ゴールに対して真後ろに飛ぶこと。ジャンプの方向に角度がつくと、シュートの軌道もズレる。リリースについてはジャンプシュートと同じだが、後ろに飛んだ分を計算して打たなければならない。

POINT❷
後ろにジャンプする
POINT❸
フォロースルーをとる

踏み込んだところから、そのまま後方にジャンプ。同時にボールを額の上にセット。

最高点でリリース。一方の足を前に伸ばすと、バランスをキープしやすくなる。

ジャンプの踏み切り足で着地する。フォロースルーを充分にとることがポイント。

プラスワンアドバイス

ヒザをあげて高く跳び 体はまっすぐ伸ばす

ジャンプする際に、踏み切りと逆側の足のヒザをあげると高く跳べるようになる。高さがあればそれだけブロックされづらくなるので、意識して行おう。このとき、体を反らさないように注意。リリース位置が下がる分、ディフェンスから逃れやすくはなるが、成功率が大幅に落ちる。体はまっすぐにキープしよう。

コツ 29

ディフェンスの足の間にベースライン側の足を踏み込み、重心をフリースローライン側に寄せる。

ポストでボールを持ったら、ターンしてゴールに体を向けディフェンスと正対する。

CHECK POINT!

1. 正面に足を踏み込む
2. ボールを持ってターン
3. 素早くシュートする

応用シュート⑪

ロールターンでシュートに持ち込む

重心を一方に寄せて逆側にターンする

ポストでボールを持てたとしても、ディフェンスがマークにつくためシュートに持ち込むのは容易ではない。テクニックを用いて、ディフェンスを抜き去らなければならないのだ。そのひとつに、ドリブルしながら後方に反転するロールターンがある。アウトサイドからのドライブはもちろん、ゴール下においても強力な効果を発揮するテクニックだ。

ポイントは、最初にディフェンスの正面に足を踏み込み、フリースローライン側へ進むと思い込ませること。**ディフェンスが体を寄せてきたところで、踏み込み足を軸にベースライン側へとターンする。**ディフェンスは逆足に体重が乗っているので、ターンに反応することができない。ドリブルしながらディフェンスをよく観察し、重心が傾いた瞬間を見逃さずに素早くターンしよう。

POINT❸
素早くシュートする
POINT❷
ボールを持って
ターン

踏み込んだ足を軸に、後ろにターンする。ドリブルはもうしないので、ボールは両手で持ってOKだ。

両足を揃えてゴールと正対する。ボールを体の前で持ち、ヒザを曲げてジャンプの準備。

パワーレイアップシュートを打つ。ディフェンスが追いつけないように、素早く動作する。

プラスワンアドバイス

ディフェンスの腕をしっかりブロックする

ロールターンで逆をついているとはいえ、ほんの一瞬出し抜いたに過ぎない。反応が速かったり腕の長いディフェンスは腕を伸ばしてくるので、ボールを持たない側の腕でしっかりとブロックしよう。また、プレッシャーでバランスを崩さないようにキープすることも大切。体をまっすぐ伸ばしてジャンプしよう。

コツ 30

応用シュート②

二度のターンでシュートスペースをつくる

CHECK POINT!
1. まっすぐドリブルする
2. 最初に後ろへターン
3. 前に二度目のターン

ペイントエリアに侵入したところで、ドリブルをストップして両足を揃える。

ポストの位置から、フリースローライン側へまっすぐドリブルをしかける。

ゴール下に引きつけフックシュートを打つ

ゴール下は警戒が厳しいので、あえて避けてミドルシュートに持ち込む方法も効果的だ。ローポストからフリースローライン側へディフェンスの横のコースをドリブルし、ついてきたところを後ろにターンする。それに対してディフェンスはゴールとの間に入ってくるので、足を踏み込んで重心を乗せたところで前にターンする。これにより、ゴール下に踏み込んだディフェンスとの間にスペースが生まれ、シュートを打つ余裕ができる。

ポイントはボールを大きく動かすこと。これにより、ディフェンスの注意を引きつけられる。シュートは、半身の姿勢で打てるフックシュートが効果的だ。なお、この二度のターンでディフェンスを遠ざけるテクニックは、ロールターンからのシュートをディフェンスに防がれた場合の選択肢としても有効だ。

POINT❷
最初に後ろへターン
POINT❸
前に二度目のターン

ゴール側の足を後ろにターンする。このとき、ボールを大きく動かしてディフェンスを引きつける。

軸足はそのまま、前に反転して二度目のターンでゴールに対して半身の体勢をとる。

両足が揃ったところで真上にジャンプし、フックシュートでゴールを狙う。

プラスワンアドバイス

踏み込んだ瞬間に2度目のターン

2度目に行う前へのターンは、ディフェンスの重心がベースライン側に乗ったところで繰り出すと効果的だ。後ろにターンすると、ゴールへ近づけさせまいと進行方向に足を踏み込んでくるので、その着地の瞬間を狙おう。一方に重心を乗せている状態で逆側に動けば、ディフェンスはターンに対応することができない。

PART 4

ディフェンス

ENSE

失点を防ぐことに重点を置いて守る

バスケットは基本的に攻撃が成功しやすいハイスコアのスポーツであり、特にゴール下はその傾向が強い。ポストに立つ相手センターにボールが入った状況は、守備側が不利であるということを理解しよう。その上でどのように対応するかと言えば、失点を防ぐことに特化して守る。攻め込まれている場面なので、最悪の結果さえ避けられれば成功と言えるのだ。そのため警戒の優先順位は①シュート②ドライブ③パスと、失点に近いプレー順に並べ、パスカットやスティールを無理に狙わない。

守る際のポイントは、適正な間合いをとること。動きを制限しようと密着すると、かえってターンなどでかわされる危険がある。自分が対応しやすい間合いをとることが大切だ。その目安は、自分の片腕で触れられる距離。まずは目安通りに間合いをとり、自分の感覚やマークする相手によって微調整しよう。

コツ 31

ボディコンタクト《バンプ》で相手を遅らせる

CHECK POINT!

1. ハイポストで待ち構える
2. 追いかけてディナイする
3. ボールマンを目線でとらえる

相手センターの走り込みを妨害する

守備時にマークするオフェンスに対してまず始めに行うプレーは、バンプだ。これは相手オフェンスにボディコンタクトするプレーで、タイミングを遅らせることが目的。インサイドに自由に入られると危険な位置にポジショニングされたりパスをつながれたりと、守備が後手に回り失点してしまうので、バンプはゴールを守る上で重要なプレーなのだ。

相手センターがこちらのバックコートに入ってきたら、ハイポストに立って待ち構え、体の正面でボディコンタクトする。これによりローポストに到達するまでの時間が遅れ、攻撃展開を乱すことができる。バンプをしたあとは、しっかりとついていきディナイする。オフェンスが自分の前を通る場合と後ろを通る場合があるが、どちらであれボールマンから目を離さないことが大切だ。

POINT 1 ハイポストに立ち重心を落とす

バンプする際には、ボールサイドのハイポストに立つ。このとき、足幅を広めにとって腰を落とす。これにより、パワー負けすることなくボディコンタクトできる。腕は、ヘルプサイド側を体の前に置き、ボールサイド側はボールの方向に伸ばす。

POINT 2 体を当てたらマークについてディナイ

ボディコンタクトすると、オフェンスはワキをすり抜けてローポストへ走るので、その後にぴったりとついて追う。ここで遅れると、パスを通されてしまうので注意しよう。オフェンスがとまったら、素早くディナイしてポストへのパスを防ぐ。

POINT 3 後ろを抜けて行く場合も目線はボールに向ける

バンプ後にオフェンスが、ヘルプサイドから背後を通ってローポストに走る場合がある。その際のポイントは、体の正面をボールマンに向けたまま追いかけること。オフェンスが止まったところで体の向きを変えて、ディナイの姿勢をとる。

プ ラ ス ワ ン　ア ド バ イ ス

体を当てる際に腕で押すとファウル

ボディコンタクトで腕を使うと、ファウルをとられるので注意。ヒジを張って腕を突き出した姿勢で押してしまうことが多いので、腕全体を体にぴったりとつける構えを徹底しよう。センターは体を当てるプレーが多いので、ファウルの知識を充分につけておこう。

コツ 32

マーク①ディナイ
パスコースに手を伸ばして守る

CHECK POINT!
❶ ボールとマークする相手の間に入る
❷ 手で触れながら並走する
❸ 対応しやすい間合いでディナイする

インサイドにパスを出させない守備

ボールを持たないオフェンスをマークする際には、ディナイで守るのがセオリー。パスコースに片腕を伸ばして、パスを受けられないようにする守備方法だ。

　ポイントになるのは、ポジショニング。**マークするオフェンスとボールマンが、どちらも視野に入る位置に立つ。オフェンスはパスを受けようと移動するので、その動きを有効な位置関係を保ちながら追いかけることが大切。**間合いをつめすぎると、相手の動きに対応しづらくなり振り切られる危険があるので、片腕が届く程度の距離で守ろう。

　姿勢は腰を落とした低重心がベスト。これにより、どんな動きをされても素早く反応できるようになる。パスコースに伸ばす腕は、パスを出された際にカットしやすいように、手のひらをボールマンに向けよう。

POINT ❶ ボールマンとオフェンスの間に入り腕を伸ばす

ディナイでは、マークするオフェンスとボールマンの間にポジションをとる。そして、ボールに近い側の腕をパスコースに伸ばし、パスを出させないようにする守備方法だ。ポストへの展開を防ぐことができれば、相手の攻撃力は大幅に落ちる。

POINT ❷ オフェンスが動いたら手で触れながら追う

オフェンスはディナイを振り切ろうと動くので、スキを与えないように並走して追う。このとき、伸ばしていない側の手で軽く触れる。これにより、ボールマンに注意が向いた場合にも触覚でマークするオフェンスの動作を感じられるようになる。

POINT ❸ 手が届く程度の間合いで守る

近づきすぎると、視野が狭くなり次の動きを予測できなくなる。反応も遅くなり、振り切られてしまう。マークするオフェンスの全身を視野に入れられる距離で守ろう。しかし遠すぎるとパスカットできないので、手が届くの間合いを目安にする。

プラスワンアドバイス

体が入り込みすぎると振り切られる

体がオフェンスの側に入り込みすぎると、逆方向への対応が遅くなるので注意しよう。急な方向転換をされると、簡単に振り切られてしまう。「手を伸ばすのは、パスを出されたとしても、通る前に反応してカットできる位置」と考えてポジショニングしよう。

コツ 33

マーク②デッドフロント
オフェンスの前に出て守る

CHECK POINT!
1. 片足を踏み込んで前に出る
2. 強く押し込まないとピンチになる
3. 片足を後ろに引いてディナイに戻る

背中で押し込んで力強く守備する

ディナイには、マークするオフェンスの前に立つ方法がある。**デッドフロントといい、通常のディナイとは異なりオフェンスの前に入って、背中を密着させて守るプレーだ。背中で抑え込むハードな守備が可能**であるため、身長や能力で上回られている相手への対策として有効だ。ポイントは、オフェンスのモモに尻を押し当てて動けなくすること。ブロックアウトをイメージして動作しよう。

背中を当てるテクニックであるため、マークするオフェンスを目で確認できないのがデッドフロントの弱点。前に入り込まれるとパスをつながれてしまうので、背中で動きを感じながら守る必要がある。また、通常のディナイへと切り替える技術も必須だ。ボールマンのポジションがパスやドリブルで変わったら、スムーズにディナイの体勢に移行する。

POINT❶ 後ろの足を前に踏み込みデッドフロントの体勢をとる

ディナイでは抑えられないと判断したら、ヘルプサイド側の足をマークするオフェンスの前に踏み込む。このとき、同じ側の腕を上から振ると動作しやすい。背中を向けたところで、尻をモモに押しつけてデッドフロントの体勢をとる。ボール側の腕をあげ、手のひらをボールマンに向ける。

POINT❷ 押し込みが弱いとパスを通される

ボールマンを意識しすぎるあまり、マークするオフェンスへの押し込みが弱くなると、自由に動かれてしまう。後ろのスペースにパスを通されると失点のピンチに陥るので、しっかりと体を密着させて背中で動きを感じることが大切だ。

POINT❸ デッドフロントからディナイに切り替える

ボールマンがコーナーにいる場面では、インサイドのオフェンスをベースライン側からディナイするのがセオリー。ボールの移動に合わせて、フリースローライン側の足を後ろに引き、ディナイの体勢に切り替えよう。これにより、ローポストへのパス展開を防ぐことができる。

コツ 34

CHECK POINT!
❶ 重心を落として守る
❷ 手を腰骨に当てる
❸ 両手で押すのはNG

ボールマンディフェンス①
ボールマンにプレッシャーをかける

低い姿勢で対応し侵入を許さない

ポストにパスを通されたら、ボールマンディフェンスに切り替えて守る。このとき重要になるのが、相手よりも重心を低く構えること。これにより、パワー負けすることがなくなりゴール下への侵入を防げる。このとき、ベースライン側の腕を腰骨に当てるとさらに効果的だ。自由を奪い、プレッシャーをかけることができる。逆側の手はあげて、シュートに素早く反応できるように構える。

ボールマンディフェンスでは、ボールをアウトサイドに下げさせることを目的にする。**奪うよりも危険を回避することに重点を置き、失点に直結するシュートとドライブに集中してディフェンスしよう。**パスを出させることができれば、それだけ相手チームのオフェンスタイムを削ることができる。スティールを狙うと、スキが生まれてかわされてしまうので注意しよう。

POINT ① ヒザを柔軟に使い衝撃を吸収する

ポストでボールを受けたオフェンスは、パワーで押し込んでくる。力負けするとゴール下に侵入されてしまうので、重心を相手より低くしてマークにつく。これによりヒザを柔軟に使えるようになり、強く体を当てられても衝撃を吸収できる。

POINT ② 片腕は腰骨に当て逆の腕はあげる

ベースライン側の腕をオフェンスに伸ばし、ヒジを曲げて手首の辺りを腰骨に当てる。これにより動きを制限することができ、動作への反応も速くなる。逆の腕はあげて、シュートを狙ってきた場合に素早く手を伸ばしてブロックできるように準備。

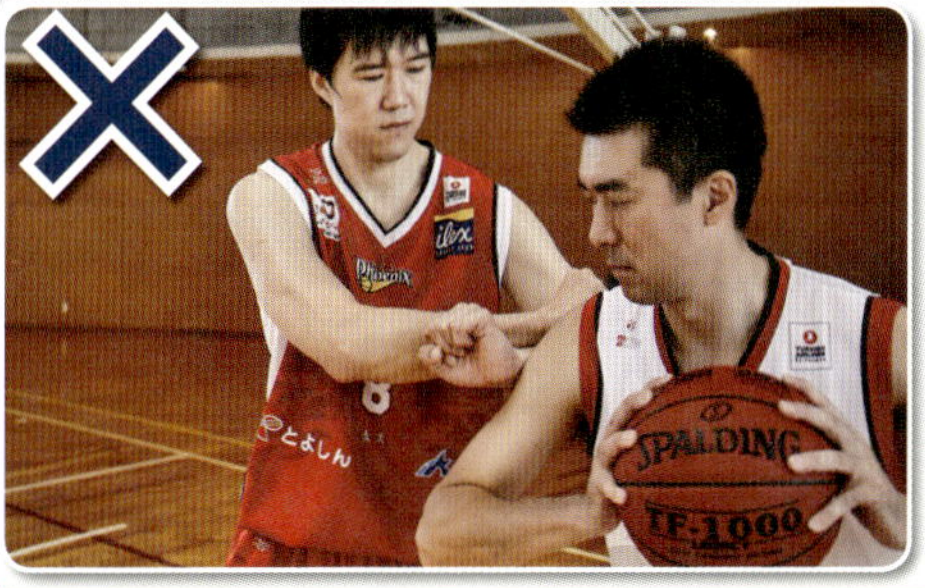

POINT ③ 両手を使うとファウルをとられる

オフェンスを抑える際に、両手を使ってしまうとファウルをとられるので注意しよう。ファウルをとられなかったとしても、体が密着しすぎるためターンされやすい。ベースライン側から突破される危険が高いので、近づきすぎないように意識しよう。

プラスワンアドバイス

押し込まれるとそのままシュートされる

ペイントエリア内に一歩踏み込まれる程度ならば問題ないが、パワー負けしてゴールの近くまで侵入されると、そのままシュートを打たれてしまう。試合で押し込まれてしまう場合は、体勢やマークにつく位置が悪い可能性がある。重心や腕の位置などを見直そう。

コツ 35

ボールマンディフェンス②ドライブ

ドライブに反応しコースに入り込む

CHECK POINT!

1. ベースライン側にステップ
2. ドライブコースに踏み込む
3. 体でブロックする

オフェンスが背中を向けてターンをはじめたら、ベースライン側の足でステップ。

体を当てて突破を狙ってくるオフェンスに対して、低重心で構えてディフェンス。

ステップで先回りして ゴールへの突破を防ぐ

オフェンスがローポストからターンで突破を狙ってきたら、ドライブコースに先回りしてディフェンスする。オフェンスは一度体を当てたところから、背中を向けて後ろにターンしてくるので、足を浮かせた瞬間に反応し、ベースライン側にステップしてコースに入り込む。進み足を大きく踏み込むことがポイントだ。先行して動くことができれば、回り切る前の段階で食い止められる。

自分から当たりに行くのではなく、真横に動いてコースに体を入れるイメージでプレーすることが大切だ。なお腕は、左右ともにあげておく。強引にシュートを打ってきた際のブロックはもちろん、ファウルをとられないようにアピールする目的もある。

POINT❸
体でブロックする

ドライブコース上で踏ん張り、ボディコンタクトしてターンをブロックする。

POINT❷
ドライブコースに
踏み込む

真横に大きく踏み込んで、素早いステップで先回りする。同時に両腕をあげる。

プラスワンアドバイス

ドライブコースを限定し ゴールから遠ざける

反対にフリースローライン側へドライブをしかけてきたら、ベースライン側からマークについてハイポスト方向へ押しあげる。体を密着させ、プレッシャーをかけてコースを限定することがポイント。これにより、ボールをゴールから遠ざけて危険を回避できる。力強くディフェンスし、ボールマンを誘導しよう。

コツ36

シュートチェック

ボールに触れてシュートの軌道をズラす

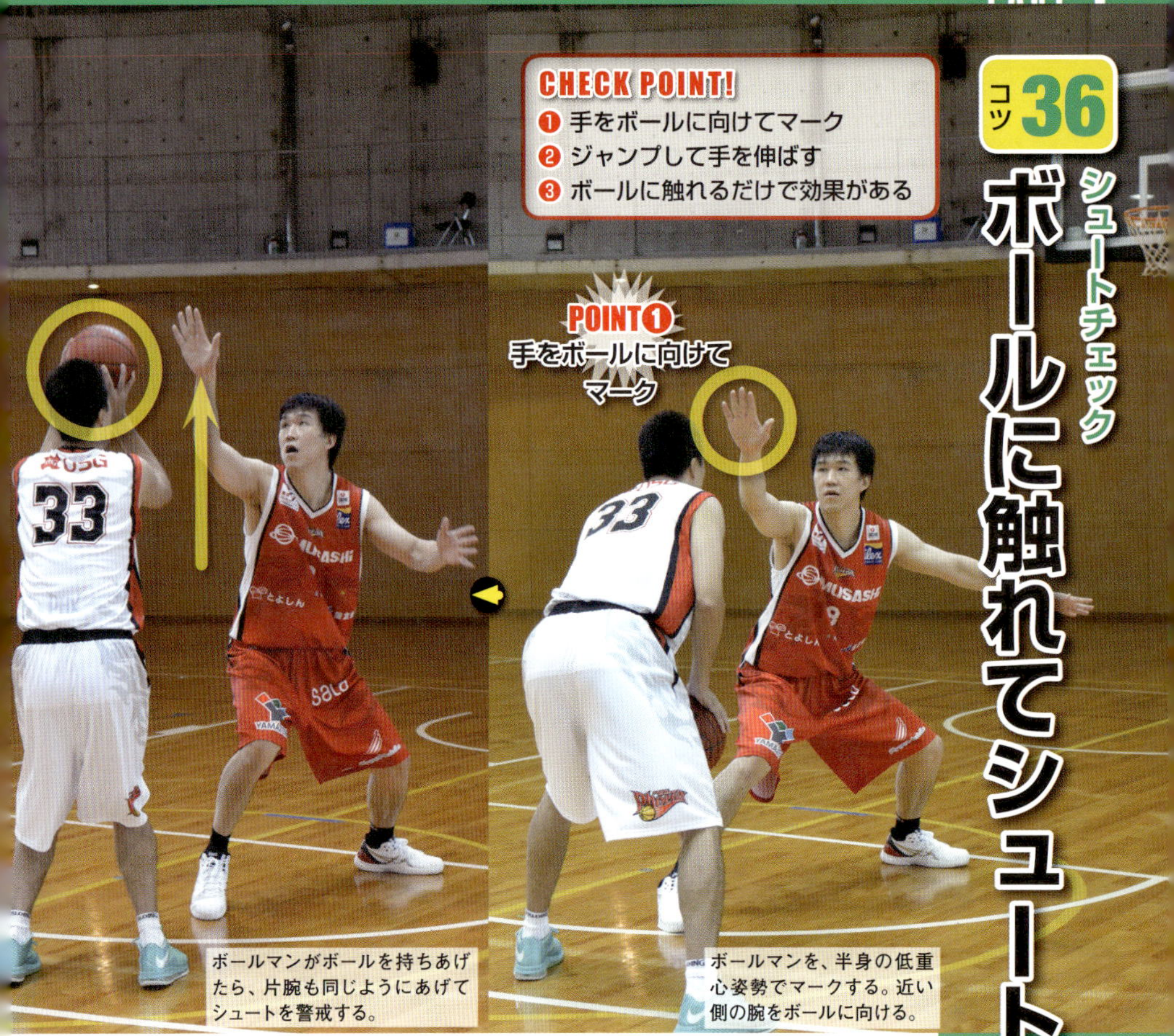
CHECK POINT!
❶ 手をボールに向けてマーク
❷ ジャンプして手を伸ばす
❸ ボールに触れるだけで効果がある
POINT❶
手をボールに向けてマーク
33
MUSASHI

ボールマンがボールを持ちあげたら、片腕も同じようにあげてシュートを警戒する。

ボールマンを、半身の低重心姿勢でマークする。近い側の腕をボールに向ける。

リリース直後のボールに手を当ててシュートを外す

ミドル・ロングシュートに対しては、シュートチェックでディフェンスする。オフェンスがシュートしたボールに手を伸ばし、軌道をズラす守備方法だ。ポイントは、反応しやすい構えをとること。片腕をボールに伸ばしてマークにつくことで、素早いシュートフォームにも反応できるようになる。

　オフェンスがボールを持ちあげたら同じように手をあげ、タイミングを合わせてジャンプし、リリースの瞬間を狙って腕を伸ばす。ボールを手のひらでしっかりととらえることは難しいが、指先で触れるだけでも軌道をズラすことができる。シュートは精密なコントロールが必要なので、ちょっとした接触でリングから外れるのだ。シュートする手に触れてしまうとファウルをとられるので、腕は振らずに上に伸ばすイメージで動作しよう。

POINT❷
ジャンプして
手を伸ばす
同じタイミングでジャンプする。手をまっすぐ上に伸ばし、空中で待ち構える。

POINT❸
ボールに触れるだけで
効果がある
リリース直後のボールに触れる。指先が当たるだけでも、シュートを外すことができる。

プラスワンアドバイス

腕をあげていないと シュートに反応できない

シュートチェックは相手のシュートに合わせて行うプレーなので、どうしても後出しの動作となる。その状況で手を届かせるためには、打たれる前から手をあげて準備しておくことが大切。構えで腕を下ろしていると、動作が遅れてシュートを決められてしまうので、正しい構えを徹底しよう。

コツ 37

シュートブロック

ランニングシュートを空中で弾く

CHECK POINT!
❶ ゴールとボールの間に入る
❷ シューターと同時にジャンプ
❸ リリースされてから弾く

ドリブルするオフェンスと並走し、同じタイミングでゴール下へと走り込む。

シュートの軌道に腕を伸ばしてブロック

ランニングシュートは、ゴール付近でリリースされたボールをギリギリのところで、手で弾いてブロックする。そのため、**シュートを打つオフェンスと同じタイミングでジャンプすることが重要だ。ドリブルと並走し、ゴールとの間で踏み切ろう。**速すぎるとかわされ、遅すぎると手が届かないので、タイミングを見極めながらの動作が求められる。

ブロックする際は、手をシュートの軌道に伸ばしてとらえる。腕をスイングさせるとボールをとらえづらくなり、ファウルの危険もあがるので注意。空中で待ち構えるイメージで手を伸ばし、ラインの外側に飛ばす、ボードに当てるなどしてゴールを死守しよう。

ここではレイアップシュートのブロック方法を紹介するが、タイミングをつかめるようになれば、ほかのシュートにも応用できる。

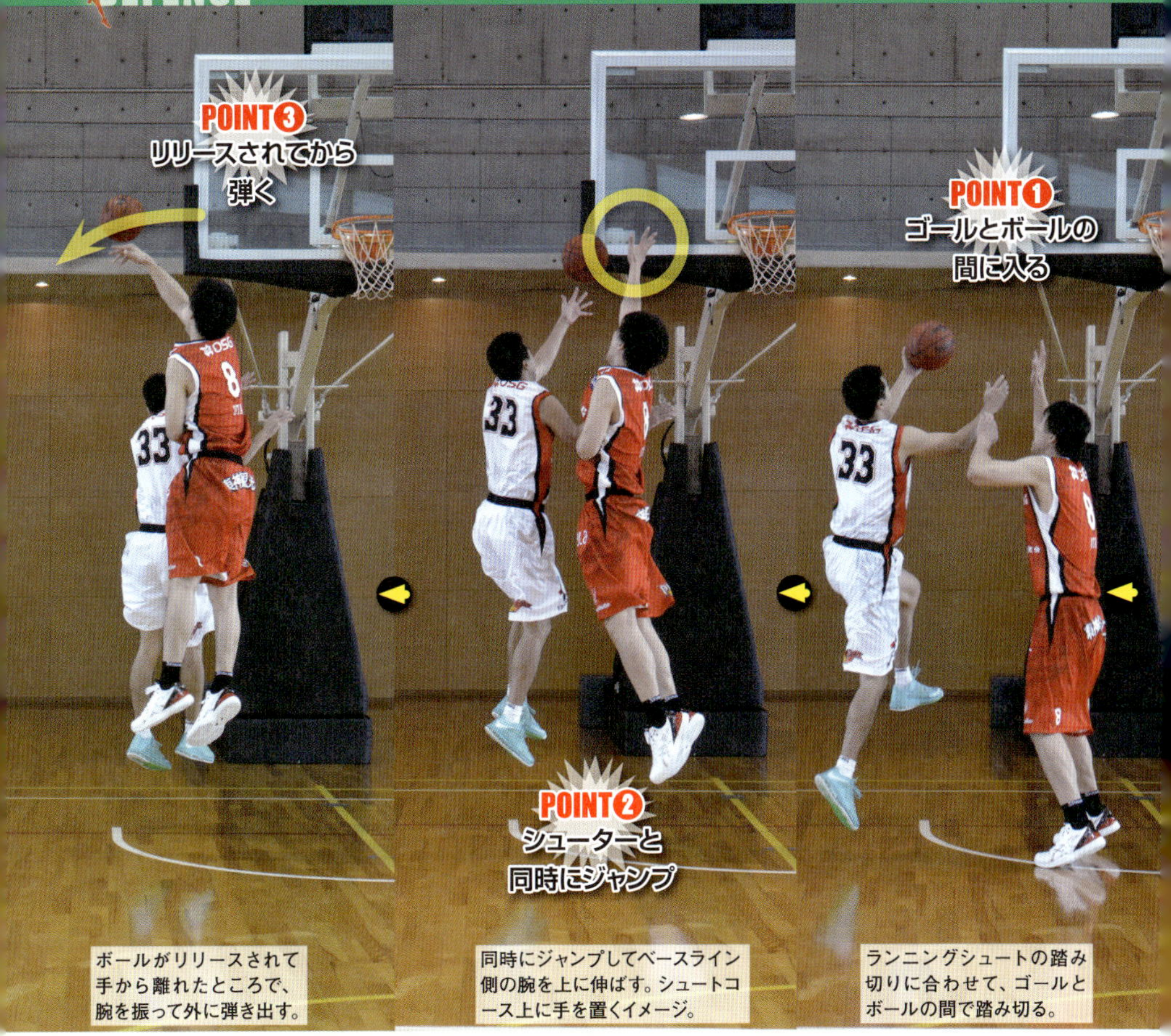
POINT❶
ゴールとボールの
間に入る
POINT❷
シューターと
同時にジャンプ
POINT❸
リリースされてから
弾く

ランニングシュートの踏み切りに合わせて、ゴールとボールの間で踏み切る。

同時にジャンプしてベースライン側の腕を上に伸ばす。シュートコース上に手を置くイメージ。

ボールがリリースされて手から離れたところで、腕を振って外に弾き出す。

プラスワンアドバイス

ボールを持っている状態でブロックするとファウル

ブロックするのは、ボールがリリースされてから。オフェンスが手に持っている状態でボールに触れると、ファウルになってしまう。手を上からかぶせるようなブロックにならないように、ボールをよく見て動作しよう。セーフティなディフェンス技術が身につくと武器になる。

PART 5

アウトサイドプレー

DE PLAY

ピックで味方を助け自らゴールも狙う

現代バスケットのセンターは、アウトサイドでのプレーもこなさなければならない。なかでも特に要求されるのが、ピックの技術だ。味方をマークするディフェンスにスクリーンをかけ、攻撃の突破口を開くことができれば、オフェンスの成功率がアップする。その際にポイントになるのが連携。ピックは互いが呼吸を合わせて行わなければ成功しないので、サインや声出し、アイコンタクトといった方法でしっかりコミュニケーションをとることが大切だ。

ピックをしたあとの展開として、フリーになったところをパスを受けてドライブをしかけたり、外に開いてシュートを打つなどする場面があるので、それらのテクニックを高めておくことも必要だ。そのほかにもハイポストにフラッシュしてパスを受ける展開など、アウトサイドでプレーする機会は多い。

コツ38

ピック（スクリーン）味方をサポートしてノーマークにする

CHECK POINT!
❶ サインなどで意思表示
❷ 低重心の姿勢をとる
❸ 進路を遮断してフリーをつくる

ディフェンスの進路を遮断するプレー

アウトサイドとの連携プレーとして、味方をマークしているディフェンスの障害物となってノーマークの状態にするピックがある。スクリーンとも呼ばれるプレーで、インサイドからアウトサイドをサポートすることで攻撃の幅を大きく広げられる。

ディフェンスの進路を遮断できるように、足を肩幅より大きく広げて力の入れやすい姿勢をとることがポイント。このとき、腕は下腹部のあたりで組むのが一般的。ほかに胸の前で×字に組む方法もあり、これは当たりに強くなるため力の弱い選手に適している。

またピックを成功させるためには、味方とタイミングを合わせることも重要だ。狙いが統一できていない状態で繰り出しても効果がないので、ピックをする前にはサインを出して意図を味方に伝えよう。

POINT 1 サインを出しながらボールマンに近づく

ピックは味方のボールマンが厳しくマークされており、次のプレーに移れない状況で繰り出すプレーだ。インサイドからアウトサイドへと移動し、ボールマンに近づく。このとき、ピックをしかける意思をサインや声出し、アイコンタクトで伝える。

POINT 2 ディフェンスの横に立ち低重心の姿勢で構える

ボールマンをマークするディフェンスのすぐ横に立ち、両足を広げてヒザを曲げ、低重心の姿勢をとる。腕は下腹部で組む。この構えをとることで、ディフェンスとボディコンタクトしてもバランスを崩すことなく進路を遮断できる。

POINT 3 味方ボールマンのマークが外れる

マークするディフェンスの進路を遮断することで、味方ボールマンがフリーで動けるようになる。ここからミドルドライブをしかけて攻撃を展開するのがセオリーだ。相手ディフェンス陣がマークのスイッチをする前に、素早く攻めると効果的。

プラスワンアドバイス

ピック中に動くとファウルをとられる

ピック中に体を動かすと、ファウルになる。しっかりとかけたいと思うあまりに、かわそうとするディフェンスの動きに合わせて左右に動いてしまうことが多いので注意しよう。ピックをかける前の段階で、最も効果的な位置を見極めて立つ技術を追求しよう。

コツ 39

ピック&ロール

スクリーンから反転してインサイドに入る

CHECK POINT!

1. ピックからすぐターン
2. 走りながらパスを受ける
3. ノーステップでシュート

ウィングの味方ボールマンを、マークするディフェンスにピックをかける。

POINT 1 ピックからすぐターン

ベースライン側の足を軸に後方にターンして、ゴールの方向に体を向ける。

外から内に動いて動いてマークを振り切る

ピックをかけたところから、ゴールに向かって反転（ロール）してスペースに入るプレーをピック&ロールという。自分をマークするディフェンスを引き連れて味方のボールマンをマークするディフェンスをスクリーンで足止めすると、味方がフリーになる。すると**自分についているディフェンスの意識が味方に向くので、そのスキを利用してゴール下のスペースへと侵入するのだ。**マークを振り切っている状況なので、パスを受けることができれば、ゴールに対して1対0の最も得点率の高い状況でシュートを打てる。

ピックアンドロールをしかけることで、ディフェンスのマークをスイッチさせて、スピードとドライブ能力に優れたアウトサイドの味方と、相手ビッグマンの1対1というミスマッチをつくり出せる場合もある。

ボールマンを見ながらゴール下に走り込む。ディフェンスは出遅れている状況。

ゴールの手前でパスを受ける。スピードを落とさずにミートできることが理想。

ミートからそのままステップに入り、ドリブルなしでシュートに持ち込む。

プラスワンアドバイス

前にディフェンスがいたらバンプ&ターン

自分につくディフェンスがピックに反応せずに、インサイドに残って守る場合がある。その際には、ゴール下に走り込む場面でディフェンスに正面からマークされる。走りながらパスを受けられない状況なので、まずバンプをしかけて相手をひるませ、ひるんでいる間にターンし、ゴールに背を向けてパスを受ける。

コツ40

ピック&ポップ
スクリーン後にアウトサイドへ移動する

CHECK POINT!
❶ ポップアウトする
❷ すぐシュートできる体勢をとる
❸ ゴールに体を向けてシュート

ピックをかけ終えたら、ボールマンの方向にターンしながら、ポップアウトする。

ボールマンをマークするディフェンスに、横からピックをかけてサポートする。

外に逃げてパスを受け ミドルシュートを打つ

ピック&ロールによるインサイドへの侵入は効果的なプレーだが、ゴール下は人が密集するエリアであるため、マークをはがすことができてもヘルプサイドからくる別のディフェンスに対応されてしまう場合がある。ロールできない状況だったら、スクリーン後の動作をアウトサイドへ動くポップアウトに切り替えよう。これをピック&ポップという。

インサイドが密集しているということは、すなわちアウトサイドにスペースがあるということなので、**外に流れてパスを受ければ、マークの甘い状態でシュートを打てるのだ。**しかし、フリーでパスを受けるとはいえディフェンスは素早く詰めてくるので、パスを受けたらすぐシュートを打つ必要がある。すぐにモーションに入れるように、ヒザを柔軟にしてパスを待つことが重要だ。

POINT 2
すぐシュートできる
体勢をとる

アウトサイドでパスを受ける。ヒザを柔軟にした状態でミートすることが大切。

POINT 3
ゴールに体を向けて
シュート

素早くゴールの方向に体を向き直し、ジャンプシュートを打つ。

プラスワンアドバイス

自分をマークするディフェンスの動きを確認

ピックによって自分をマークするディフェンスが、ボールマンに気をとられた一瞬のスキをついてフリーになるテクニックであるため、ディフェンスがボールマンを無視して追ってきた場合にはシュートに持ち込めない。ピック後にディフェンスが、どのように動くかを確認することが大切だ。瞬間的に判断しよう。

コツ41

ドライブ①
シュートフェイクで翻弄する

CHECK POINT!
1. フェイクをしかけて引きつける
2. 反応したところで抜く
3. スピードで突破しシュートする

ハイポストでボールミートする。ディフェンスの位置を、確認して正対する。

ローポストからフラッシュする。ウィングに対して腕を伸ばし、パスを要求する。

ディフェンスにフェイントをしかけてスキをつくり出す

アウトサイドでボールを持った場面で、ゴールに迫る方法としてドライブがある。ドリブルでインサイドへと侵入するプレーで、シュートに持ち込むことはもちろん、ディフェンスを引きつけて味方をノーマークにするなどの効果もあるため、オフェンスに必要不可欠だ。主にアウトサイドの選手がしかけるプレーだが、センターがドライブを繰り出せると戦術の幅が広がるのでマスターしよう。

　ポイントは、ディフェンスにスキをつくること。ただドリブルするだけでは止められてしまうので、テクニックを用いて突破する。最もスタンダードなテクニックが、シュートフェイクだ。**シュートを打つと見せかけて、ディフェンスがチェックにきたところでワキをすり抜ける**。スキは一瞬なので、素早い動作でゴール下へ進むことが大切。

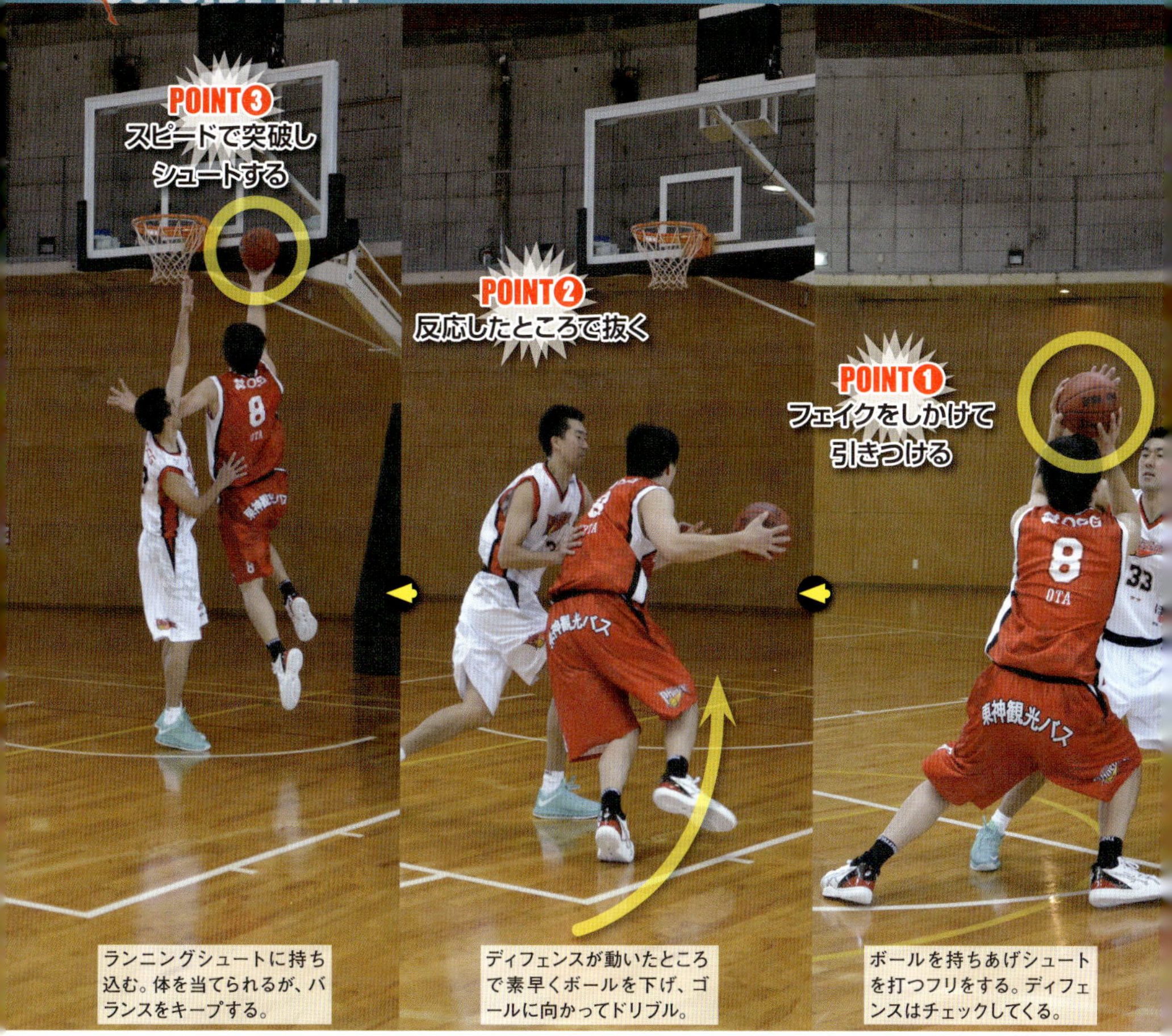
POINT❶
フェイクをしかけて
引きつける
POINT❷
反応したところで抜く
POINT❸
スピードで突破し
シュートする

ボールを持ちあげシュートを打つフリをする。ディフェンスはチェックしてくる。

ディフェンスが動いたところで素早くボールを下げ、ゴールに向かってドリブル。

ランニングシュートに持ち込む。体を当てられるが、バランスをキープする。

プラスワンアドバイス

スピードのあるフェイクでディフェンスを翻弄する

フェイクを成功させるためには、プレースピードが必要だ。ゆっくりでは見破られてしまうので、パスをキャッチしたら素早くフェイクをしかけ、ディフェンスが手をあげた瞬間に抜く。このとき、フラッシュしてきたコースをそのままなぞるようにドリブルしよう。ボールは必ず、ディフェンスと逆側の手で扱う。

コツ 42

ドライブ②
フェイクとバックロールで突破する

ボールを一度ついたところで、ベースライン側の足を軸に反転する。ボールは、外側から包むように持つ。

CHECK POINT!
1. ディフェンスを背に反転
2. 両手でボールを持って回る
3. 大きく踏み込んで突破する

ハイポストでシュートフェイクをしかけ、コーナー側にドリブル。ボールとディフェンスの間に半身の姿勢で体を入れる。

ディフェンスを背負って方向転換するドライブ

レベルの高いディフェンスにマークされると、シュートフェイクひとつではドライブを止められてしまう。突破するためには、テクニックを複合して使う必要がある。そのひとつとして、シュートフェイクとロールターンのコンビネーションがある。シュートフェイクから外へのドリブルをしかけ、ディフェンスがコースを消しにきたところを、ロールターンで逆側に方向転換すれば、ゴールの正面に切り込むことができるのだ。

ポイントは、大きく体重移動すること。**最初のドリブルで外へ強く踏み込んで、ディフェンスをおびき寄せる。体を寄せてきたところで反転し、空白となったゴール正面のスペースに踏み込んでシュートを打とう。**なお、ロールターン後すぐにシュートするので、ボールを両手で持って回ることができる。

ボールが体の前にきたら、逆の手を添える。両手でボールを持ってロールターン。

ゴール正面のスペースに、足を大きく踏み込む。ディフェンスをかわすことができる

さらにもう一歩踏み込んでジャンプし、レイアップシュートでゴールを決める。

プ ラ ス ワ ン　ア ド バ イ ス

逆の手でもシュートを打てる技術が必要

左足で踏み切るため、左手でシュートを打つことになる。右利きの場合、不慣れな逆の手でもゴールを決められるテクニックが必要だ。ほぼゴール正面からのシュートでバックボードを使えないので、正確なコントロールも求められる。技術を磨いて、得点力を高めよう。

コツ+α

スリーポイントシュート

フラッシュしてロングシュートを打つ

CHECK POINT!

1. フラッシュしてパスを受ける
2. ラインの外側でモーションに入る
3. ジャンプシュートと同じ動作

マスターすることで 得点力以上の付加価値がある

スリーポイントシュートは、一度のシュートで3点を獲得できるの強力なアウトサイドプレー。得意とする選手は、シューターと呼ばれ重宝される。それだけ難易度が高いテクニックであり、試合で決めるためには研ぎ澄まされたシュート感覚が必要だ。インサイドの選手は打つ機会がそれほどないので、重点的に練習することは少ないが、トップレベルのセンターを目指すなら身につけるべき。

また、マスターすることでディフェンスとの駆け引きで優位に立てるようになる。**「スリーがある」と知るとディフェンスは警戒心を高めるので、シュートフェイクの効果がアップし、注意を引きつけて味方をフリーにすることもできる。**しかし、あくまでオプションのプレーなので、インサイドで充分にプレーできるレベルに達してからトライしよう。

POINT❶
フラッシュして
パスを受ける
スリーポイントシュートは、ヘルプサイドからフラッシュする流れで打つことが多い。
POINT❷
ラインの外側で
モーションに入る
スリーポイントラインの外側に立ち、体をゴールに向けてシュートモーションに入る。
POINT❸
ジャンプシュートと
同じ動作
シュートモーション自体はジャンプシュートと同じ。距離が長いので力を込めて打つ。

プラスワンアドバイス

足から動作を始める
基本に忠実なフォームを徹底

距離が長いからといって、腕に力を込めてシュートを打つとコントロールが乱れる。スリーポイントシュートを決めるためには、足から動いて上半身、腕へとパワーを移行していくことが大切。ジャンプシュートの基本であるこの動作を徹底することが、ハイレベルのテクニックをマスターするカギとなるのだ。

PART 6

練習＆トレーニング

ファンダメンタルの反復で良い感覚をキープする

バスケットは「習慣のスポーツ」といわれ、練習の積み重ねが試合に結びつくスポーツ。したがって、練習はファンダメンタル（基本）の反復を重視すべきだ。特にボールハンドリングやシューティングなど、バスケットはボールが手につくタッチの感覚が重要になる。そのためファンダメンタルを習慣的に行い、良い感覚をキープすることが大切なのだ。仮に2時間のチーム練習があるとしたら、その前後に30分ずつ、シューティングや基本的なドリルに取り組む自主練習の時間を設けると良いだろう。

オフシーズンも同様に、ファンダメンタルの練習を習慣的に行うことが大切。主に体作りに取り組む時期ではあるが、ボールに全く触れない期間があると感覚が鈍ってしまうので、筋力トレーニングなどの合間に練習する。ボールに毎日触ることを心がけて、プレーヤーとしてレベルアップしよう。

コツ 43

練習法①

ゴール下で左右交互にゴールに入れる

CHECK POINT!
❶ ステップしながら行う
❷ 踏み切りは逆側の足
10回×3セット

ステップしながらリズムよくシュートする

ゴール下に立ち、左右の手で交互にボールをゴールに入れる練習。**最初に右手で入れ、落ちてきたボールをキャッチしてすぐに、左手でシュートする。左右にステップしながら行うことがポイント。**なお、踏み切りはシュートする手と逆側の足で行う。10回連続成功を3セット続けられることが理想だが、慣れない内はシュートの成功・不成功を問わず10回のシュートを1セットとして取り組む。

プラスワンアドバイス

手を下げずに取り組む

練習中は、両手ともあげ続ける。右手でシュートしているときも、左手を高くキープ。シュートする際に逆の手でブロックする癖がつく。

コツ44

練習法②

後ろ向きで左右交互にシュートする

CHECK POINT!
❶ リズミカルに行う
❷ 利き手から始める
10回×3セット

ゴールに背を向けてリズミカルに動作

コツ43の練習を、ゴールに背を向けた姿勢で行う練習法。やり方も同じで、ゴール下に立って左右の手で交互にシュートする。後ろ向きな分、正面向きよりも難易度が高いが、リズムを崩さずに動作することが大切。**利き手から始めれば、シュート精度が高いのでスムーズに練習に入ることができる。**回数は10回連続を3セット取り組む。動き続けるので、見た目よりもハードな練習になる。

プラスワンアドバイス

ゴールを見続ける

腕と同様に、顔もあげたまま練習する。ゴールを目線でとらえることによって、シュートの精度が高まる。ゴールを見ながらシュートしよう。

コツ 45

練習法③ バックボードに連続でボールをぶつける

CHECK POINT!
❶ 右、左、両手連続で行う
❷ スナップでコントロール

スナップを使ってコントロールする

ゴール下に立ち、バックボードでドリブルをするようにボールを連続で当てる練習。右手、左手、両手の順に行い、これを10回×3セット取り組む。**ボールを落とさないことが大切で、そのためにはスナップを使ってのコントロールが求められる。**取り組むことで手首が強くなり、シュートやドリブルはもちろん、リバウンドなども含めボールを扱う全てのプレーのレベルがアップする。

プラスワンアドバイス

毎回ジャンプする

ボールをバックボードに当てる際には、ジャンプして最高点でとらえる。近い位置にボールを当てるので、練習中はずっとジャンプし続ける必要がある。

コツ46

練習法④

ジャンプしてボールをリングに当てる

CHECK POINT!
❶ 頭の上にボールをセット
❷ ヒザを深く曲げない
10回×3セット

ボールを両手で持ち真上にジャンプ

ボールを両手で持って頭の上にセットし、ゴール下でジャンプする。腕を伸ばしてボールを高くあげ、ゴールリングに当てる練習だ。ボールは投げずに持ったまま行い、10回×3セット取り組む。**ポイントは、ヒザを深く曲げずにジャンプすること。**ゴール下では腰を落とした姿勢をとって、充分に準備してからジャンプできる場面はほとんどないので、素早く高く跳べるように練習する。

プラスワン アドバイス

ゴールネットでも可

身長が足りない選手は、リングは高すぎてタッチできないだろう。その場合は、ボールを当てる目標をゴールネットまで下げても良い。

コツ 47

練習法⑤

横移動しながらボールを投げる

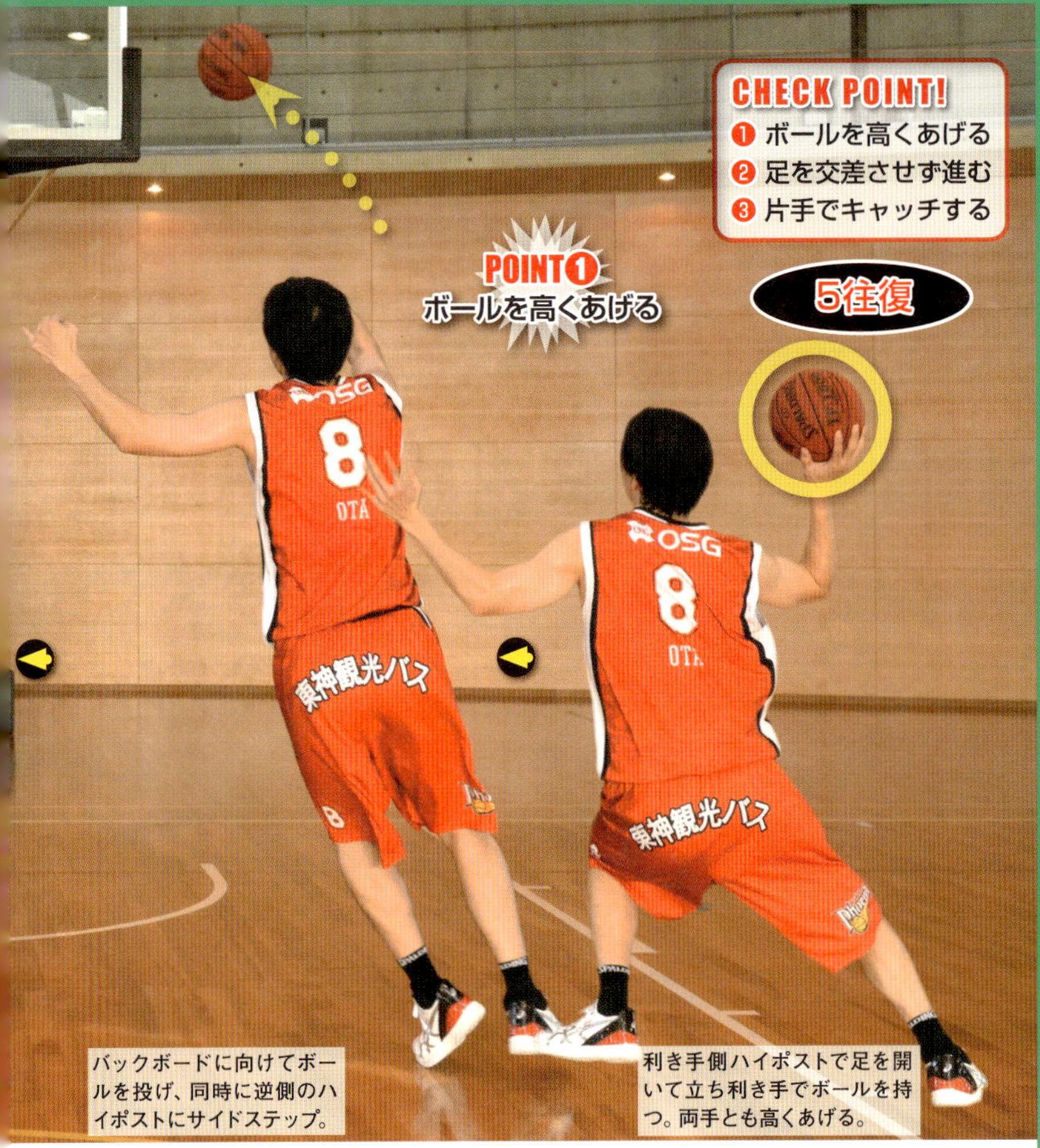
CHECK POINT!
❶ ボールを高くあげる
❷ 足を交差させず進む
❸ 片手でキャッチする
POINT❶
ボールを高くあげる
5往復

バックボードに向けてボールを投げ、同時に逆側のハイポストにサイドステップ。

利き手側ハイポストで足を開いて立ち利き手でボールを持つ。両手とも高くあげる。

サイドステップと正確なコントロールを鍛える

利き手側のハイポストに立ち、片手でボールを持って頭くらいの高さにあげる。このとき、逆側の手も同じ高さで構える。その姿勢から、ボールをバックボードに投げ、同時に横移動を開始。逆サイドのハイポストにサイドステップで移動し、跳ね返ってきた片手でボールをキャッチ。そのボールを最初と同じように片手で投げ、元の位置に戻ってキャッチする。これを5往復連続で行う。

ポイントは、ボールを正確に逆サイドのハイポストにコントロールすること。また、バウンドの強弱で軌道が変わるので、力加減の調節も必要になる。欲しい高さ、スピードで返ってくるように、取り組みながら微調整しよう。移動距離が長く疲労が大きいため、スタミナの強化にも適した練習だ。ステップのスピードが落ちないように取り組もう。

POINT③
片手でキャッチする
POINT②
足を交差させず進む

逆側のハイポストで、ボールを片手キャッチ。同じように投げ、横に移動する。

サイドステップでは両足を交差させない。また、両手はあげたままキープする。

プラスワンアドバイス

バックボードのスミにボールをコントロール

ボールを正確に逆サイドのハイポストにコントロールするためには、バックボードを活用することがポイントだ。目安は、手前サイドのボックスのスミだ。この位置に当てることで、逆サイドのハイポストにボールが返りやすくなる。またキャッチする際には、腕を柔軟にしてボールの勢いを吸収する。

コツ48

練習法⑥

大きく横にジャンプしてキャッチする

CHECK POINT!
❶ 両手でボールを投げる
❷ クロスステップで進む
❸ 空中で両手キャッチ
5往復
POINT❶
両手でボールを投げる
POINT❷
クロスステップで進む

両足を交差させるステップで素早く逆サイドへ進む。上体はゴール方向にやや残す。

ハイポストに立ち、ペイントエリアの外側からバックボードへ両手でボールを投げる。

クロスステップで素早く逆サイドに動く

両足を交差させて移動するクロスステップから、大きくジャンプしてボールをキャッチする練習。クロスステップは下半身の動きこそ通常のランニングと同じだが、上半身をボールに向けるという点に特徴がある。ハイポストでボールを投げたら、ややゴール方向に体を開いた姿勢で逆サイドに移動しよう。

キャッチは、跳ね返ってきたボールに対して両手を伸ばし、タイミングを合わせて進行方向に大きくジャンプして行う。**ボールをつかむ前に片足で踏み切り、空中でキャッチしよう。着地は両足で行い、ヒザを充分に曲げてしっかりとストップする。**キャッチしたら、同じように動作して元の位置に戻る。これを5往復、連続で行おう。取り組むことで、ナナメや横にハイジャンプできるようになり、キャッチ技術も向上する。

着地は両足で、ヒザを充分に曲げてストップする。元いたサイドに同じ動作で戻る。

片足で踏み切り、横方向に大きくジャンプする。空中でボールを両手キャッチ。

プラスワンアドバイス

バックボードの上部分にボールを当てる

ボールがジャンプキャッチできる高さに跳ね返ってくるように、投げる際にはバックボードの内側のワクよりも高い部分にコントロールしよう。両手で投げるので、正確に当てることができるだろう。動き続けて疲労してくるとコントロールが乱れやすいが、常に一定の位置に投げられるように意識しよう。

CHECK POINT!
1. 体幹は全動作の基礎となる筋肉
2. 鍛えるとプレーのレベルがあがる
3. ウェイトはケガのリスクがある

コツ49

筋力トレーニング

体幹を鍛えてパワーを強化する

胴体部にある筋肉を自重トレーニングで鍛える

技術と平行して体力も高めることがレベルアップにつながる。特にセンターはボディコンタクトをする場面が多いので、パワーを身につけなくてはならない。そのために、体幹を鍛える筋力トレーニングに取り組もう。**体幹とは体の胴体部にある筋肉の総称で、あらゆる動作の基礎となる部位であるため、鍛えることでパワーはもちろん、スピードやボディバランス、プレーの正確性も向上する。**

筋力トレーニングというと強い負荷をかけるウェイトトレーニングを想像するが、大きな効果を得られる反面、ケガをするリスクがある。自分の体重を負荷にする自重トレーニングでも充分な効果を得られるので、練習メニューに積極的に組み込もう。ただし、正しいフォームで行わなくては効果がないので注意。

POINT 1 足とヒジをついて体を支える

30秒×3セット

体をまっすぐにした状態で、両足のツマ先と両ヒジをつく。目線は下向きにして、その姿勢をキープする。足から頭までを一直線にすることがポイントで、尻が浮きやすいので注意する。このトレーニングにより、腹筋を中心に体幹全体を鍛えられる。

体をまっすぐ伸ばす。手の位置にマットを敷くと手の平を痛めずに行える。

POINT 2 肩幅で両手をつき一瞬浮かせて広げる

両足のツマ先と両手をつき、腕立て伏せの姿勢をとる。このとき、手は肩幅につく。次に、両手を同時に外側に広げる。体を一瞬浮かせて素早く動作することがポイント。手の幅を広げたら、同じように動作して元の位置に戻す。これを繰り返し行い、筋肉に働きかける。このトレーニングでは、特に胸筋を鍛えることができる。

20回×3セット

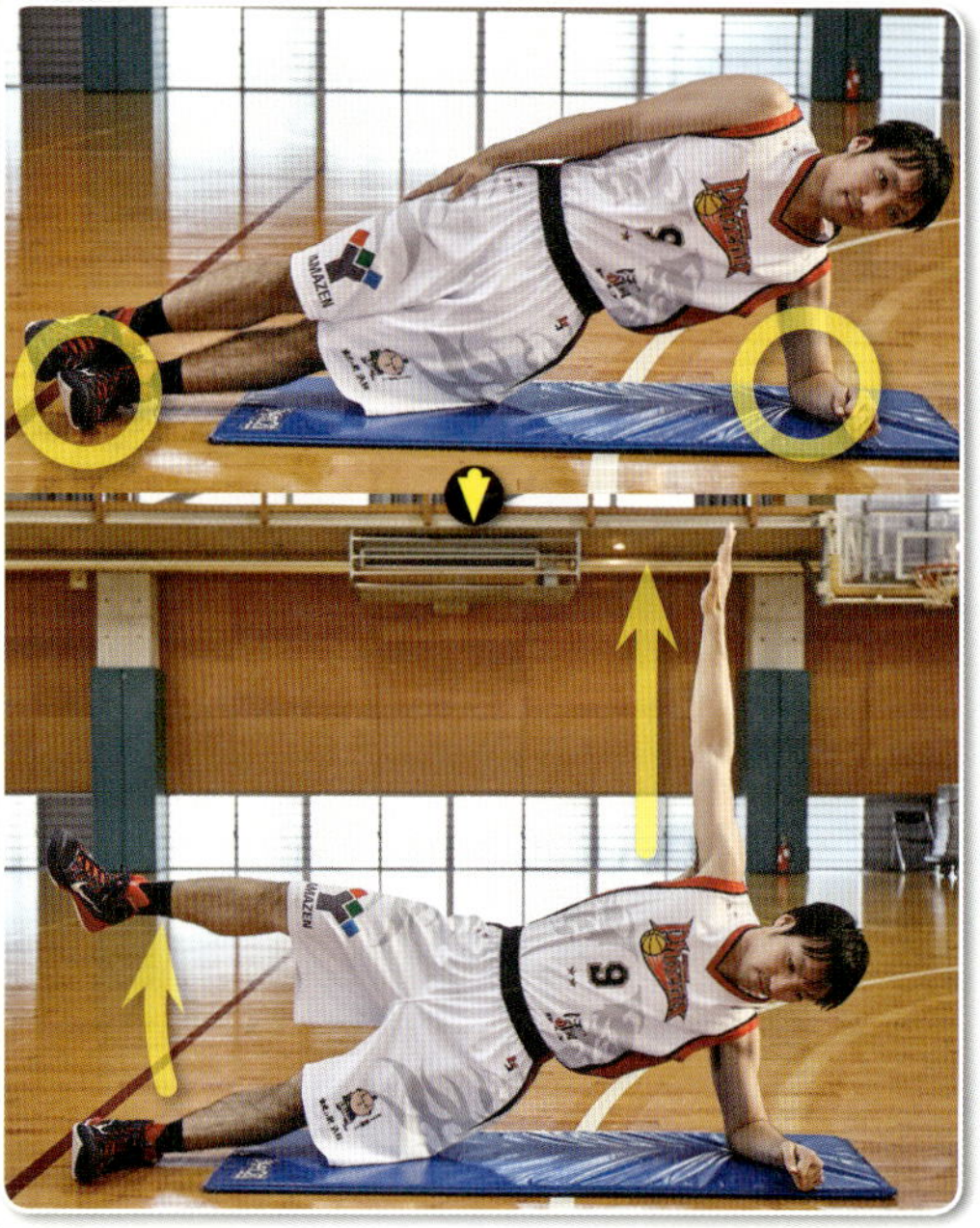

POINT 3 一方のヒジと足をつき逆側を持ちあげる

片側のヒジと足の側部をついて、体を支える。ヒジのみだとバランスを崩すので、ヒジ下の腕を使ってキープする。次に、逆側の腕を真上にまっすぐあげ、足も持ちあげる。ヒザ・ヒジともに曲げずに行うことがポイント。逆側も同様に行う。

左右30秒×3セット

ヒジをつくとトレーニングの難易度が下がり、取り組みやすくなる。

POINT 4 対角の手足を持ちあげてキープする

体を伸ばした状態で両手と両足をつき、四つんばいの姿勢をとる。次に、右腕と左足を持ちあげる。ヒジ・ヒザともに曲げずに、体と同じ高さまであげることがポイント。逆側も同様に行う。時間経過とともに足が下がりやすくなるので、注意しよう。

左右30秒×3セット

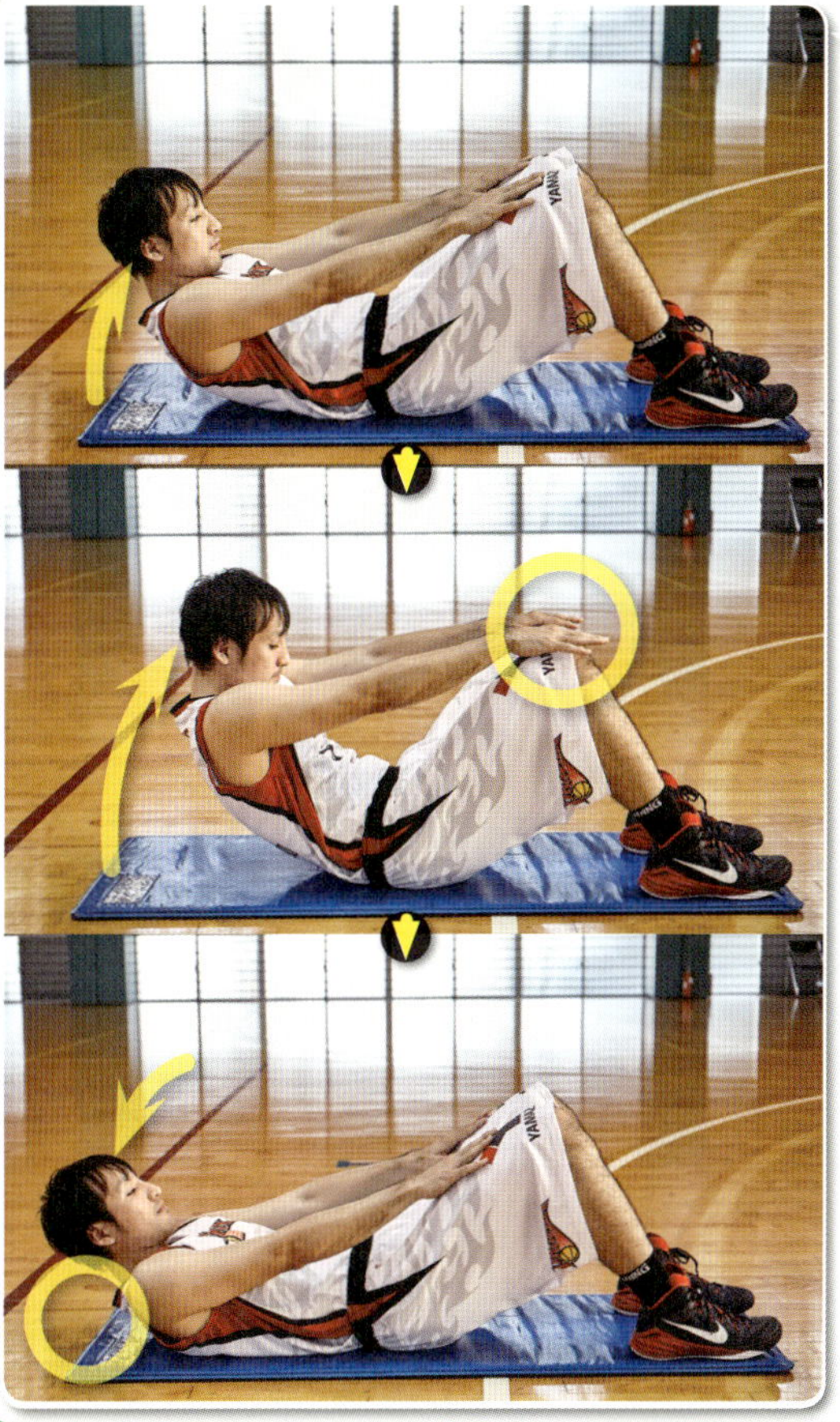

POINT 5 上体をゆっくりと起こし同じスピードで下ろす

仰向けになり、両足を揃えてヒザを立てる。背中をやや起こし、両手のそれぞれのヒザに伸ばして添える。その姿勢から体を、手がヒザにかぶさる位置までゆっくりと持ちあげ、同じスピードで下ろす。このとき、肩から上はつけずにキープ。これを繰り返し腹筋を鍛える。なお、20回こなしたら速いスピードで10回行う。

ゆっくり20回

＋

速く10回

POINT 6 片足を上に向けて体を持ちあげる

仰向けになって両足を揃えてヒザを立て、一方の足のヒザを伸ばして持ちあげる。その足で引っ張りあげるイメージで体を持ちあげ、足から肩までをまっすぐにする。逆側の足と肩、外側についた両手のみで体を支える。逆側も同様に行う。

30秒×3セット

コツ 50

ストレッチ

下半身を重点的に伸ばしてケガを予防

CHECK POINT!

1. ケガを予防する効果がある
2. 下半身を入念にストレッチする
3. 10から15秒程度伸ばす

ストレッチに取り組み体のケアをする

ウォーミングアップとクールダウンでは、ストレッチを欠かさずに行う。プレー前に筋肉を伸ばすと柔軟性が向上し、ケガのリスクを軽減できる。またプレー後は、疲労物質の除去を促進する効果を得られ、有効なコンディショニングになる。バスケットで重点的にストレッチするべきなのは下半身。**ジャンプとダッシュを繰り返すので、下半身にかかる負担が大きく、ケアが不可欠なのだ。**モモやふくらはぎ、股関節を入念に伸ばしてパフォーマンスを維持しよう。

取り組む際には、効いていると感じるところまで伸ばして10から15秒程度キープする。つい速く数えてしまいがちなので、ゆっくりとカウントすることを心がけよう。なお、冬場は体が冷えて筋肉が硬くなるのでやや長めにストレッチをすると良い。ケガをしやすい状態でのプレーを避けよう。

POINT ❶ 下半身全体をストレッチする

一連の流れで股関節とモモ、ふくらはぎをストレッチしよう。足を大きく開いて腰を落とした姿勢から、体を前と左右に倒す。ポイントは、両手をついた状態のまま動作すること。これによって腰が落ちたままキープされ、充分な効果を得られる。

① 両足を肩幅の倍ほど広げ、両手を体の前につく。

② 両手で歩くように、つく位置を前に移動。

③ 体が伸びたところで、腰を落とす。床にはつけず、浮かせた状態でキープ。

④ ②の動作を後方に行い、①の姿勢に戻る。

⑤ 左ヒザを曲げて伸脚。右足のツマ先をあげてキープ。

⑥ ⑤の動作を逆側にスイッチして行う。

⑦ ①の姿勢に戻る。

POINT 2 上半身と下半身を一連の流れで伸ばす

一方の足を前、逆の足を後ろについて取り組むストレッチ。上半身と下半身を同時に伸ばすことができる。ポイントはバランスキープ。片側を重点的に伸ばすストレッチなので、動作中にアンバランスになる場面がある。崩れないように注意しよう。

左腕を足の内側に入れ込み、肩を伸ばしてキープ。

① 左足を前、右足を後ろにつき、体を前に倒す。

④ 尻を後方に引いて、左ヒザを伸ばす。キープすることで足の裏側が伸びる。

② 左腕を持ちあげ、体を開いて真上に伸ばしてキープ。

⑤ ①の姿勢に戻る。逆側も同様に行う。

③ 左腕を下げて床につき、バランスを正す。

POINT 3 尻を左右後ろに動かすストレッチ

足を肩幅の倍くらい大きく開いた状態で、腰をヒザの高さまで落として行うストレッチ。その姿勢で尻を左右に振ったり、後ろに引くことでモモなど、下半身を広い範囲伸ばすことができる。ヒザとツマ先をそれぞれ外側に向けることがポイント。

① 両足を大きく開き、ヒザを曲げて腰を落とす。

② 尻を右側に振って重心を動かしキープする。

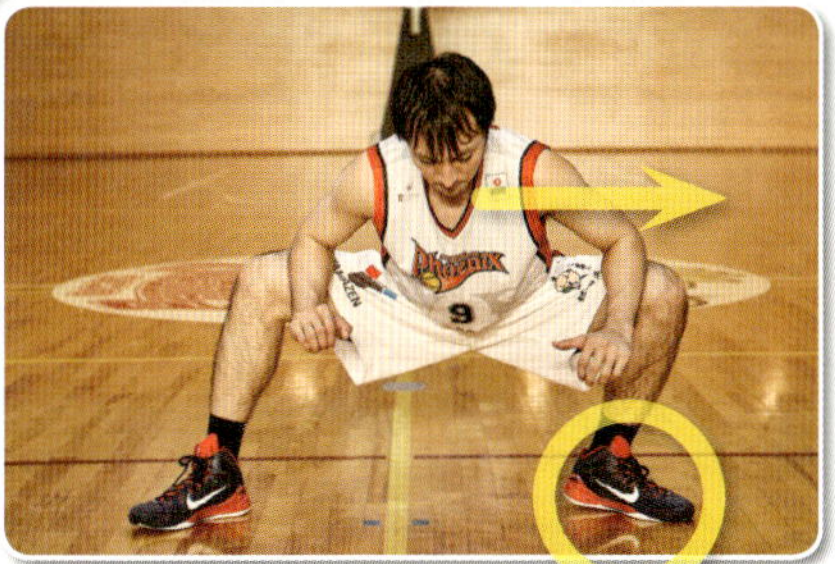

③ ②とは逆側に重心移動しキープする。

④ 尻をツマ先がやや浮くところまで、後ろに引いてキープ。

⑤ ①の姿勢に戻る。

プラスワンアドバイス

メンタルにも効果的 緊張をほぐすことができる

ストレッチでは、息を吸ったところから筋肉を伸ばすと同時に息を吐く。この深い呼吸には自律神経系に働きかけてメンタルを安定させる効果もあるため、試合の緊張やプレッシャーをほぐしたいときにも有効だ。試合前にストレッチを行い、メンタルを整えよう。

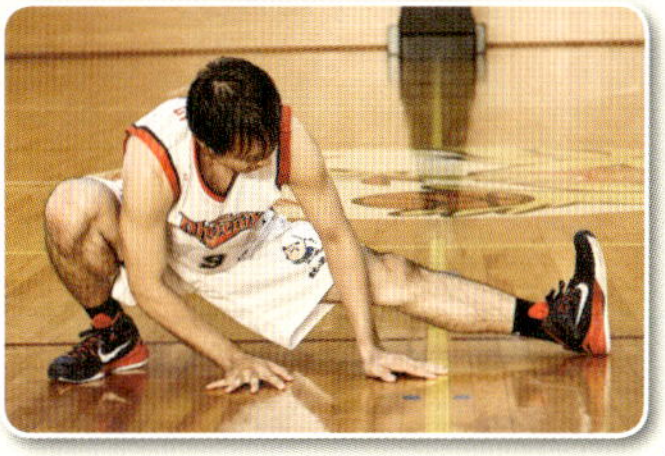

悩みを解消してレベルアップ！

センターの疑問Q&A

センタープレーヤーとしてレベルアップを目指すなかで、伸び悩んだり疑問を感じたりすることがある。それら疑問点を放置していると、成長することができず、弱点となって試合でのミスにつながる。バスケットに打ち込むモチベーションを失ってしまうこともあるだろう。レベルアップのさまたげになる疑問点を解消して、ベストパフォーマンスを発揮しよう！

Q1 ゴール下でのシュートはどのように選べば良い？

A ポジションの把握と予測で最善のシュートを選ぶ

ローポストからのシュートでは、より得点しやすいテクニックを選択する必要がある。ディフェンスが前にいるならレイアップは避けてバックシュート、ゴール正面にスペースがあるならフェイクからドライブで侵入してフックシュートなど、ディフェンスのポジションから判断する。

しかしシールでゴールに背を向けている体勢なので、肩ごしの狭い視界しかなく位置関係を確認しづらい。正確にディフェンスの位置を把握するためには、背中や手など感覚を活用することがポイント。また、逆のサイドから別のディフェンスがヘルプにくる可能性もある。その動きについては、周囲の状況から予測する。

Q2 マークについているのに いつも相手に抜かれてしまう

A ディフェンスは基本的に不利 相手の情報を得て対応する

ゴール下での1対1は、オフェンスが有利な状況だ。ディフェンス側が抑えるためには、事前に情報を得て対策を練っておかなくてはならない。利き腕はどちらか、中からパワーで押してくるのか、あるいは外に積極的に出るのか、得意なプレーなど、特徴がわかっていれば長所を出させないように守ることで相手のパフォーマンスを落とせる。

とはいえ実際に対峙してみると印象は違ってくるので、ディフェンスしながらイメージしていたプレーとの違いを観察して微調整することが大切。また、映像やスコアなどの具体的な情報が手に入らなかった場合には、試合前のアップなどを見て身長や利き腕を確認する。最低限の情報があるだけでも、守りやすくなる。

Q3 筋力トレーニングは オンシーズンも取り組むべき？

A シーズン通して鍛え続け 筋力をキープする

バスケットはハードなスポーツで、一試合こなしただけでもかなりのエネルギーを消費する。そのため長い期間をかけて多くの試合を消化するシーズンは消耗が激しい。シーズンの進行とともに筋肉が落ちてしまうので、オンシーズンであってもトレーニングに取り組まなくてはいけない。しかし、負荷の強いトレーニングはその分ケガのリスクが高いので、オンシーズンに取り組むのは危険。筋力を維持することを目的にして取り組もう。

逆にオフシーズンには、ハードなトレーニングで筋力を増強する。オフシーズンに体をつくり、オンシーズンは維持に徹する。このサイクルで筋力トレーニングに取り組み、トップパフォーマンスを発揮しよう。

監修者紹介

三遠ネオフェニックス

太田 敦也

おおたあつや

1984年6月4日生まれ　愛知県豊川市出身
千葉県柏市立柏高等学校で1年時からレギュラーを獲得し、インターハイやウインターカップに出場、センタープレーヤーとして活躍する。

日本大学を経て、2007年にオーエスジーフェニックス東三河（JBL）に入団。2008年、同チームのプロリーグ（bjリーグ）進出に伴い改称した浜松·東三河フェニックス、2016-17シーズンからB.LEAGUEに参入し、改称した三遠ネオフェニックスに所属している。

2009-10、2010-11シーズンのbjリーグ連覇に貢献し、2011-12シーズンはリーグベスト5に選出。

2011年には日本代表に定着し、アジア選手権やウィリアムジョーンズカップに出場。2014年にはアジア競技大会で銅メダルを獲得。FIBAバスケットボールワールドカップ2019の出場権を獲得したチームにも選出され、プレーするなど、第一線のセンターとして活躍し続けている。

モデル紹介

川満 寿史

鹿毛 誠一郎

チーム紹介

三遠ネオフェニックス

本拠地「三遠」という愛知県東三河地域と静岡県遠州地域の架け橋となり、共にスポーツを通じ成長しあうことを目指している三遠ネオフェニックス。ヨーロッパの伝承にも登場し、永遠の時を生きるという伝説上の鳥「不死鳥」である「フェニックス」は、創設時の「OSGフェニックス」から、bjリーグ「浜松・東三河フェニックス」を経て、「三遠ネオフェニックス」へと受け継がれている。

「フェニックス」には、「決してあきらめず勝利に向かって飛び続ける、不死鳥のように・・・」という願いが込められ、「ネオ」はギリシャ語で新しいを意味し、これまでの不死鳥は新たに再生を遂げ、バスケットボール界の新たな時代を力強く羽ばたいていくという決意が表現されている。

staff
●カメラ　曽田英介、川嶋政美
●デザイン　田中宏幸
●編集　株式会社ギグ
●写真提供　三遠ネオフェニックス

ゴール下を完全制覇！
バスケットボール センター 上達のコツ50

2019年4月15日　第1版・第1刷発行

監修者　太田 敦也（おおた あつや）
発行者　メイツ出版株式会社
代表　三渡　治
〒102-0093 東京都千代田区平河町一丁目1-8
TEL：03-5276-3050（編集・営業）
03-5276-3052（注文専用）
FAX：03-5276-3105
印　刷　株式会社厚徳社

ISBN978-4-7804-2170-5 C2075 Printed in Japan.

ご意見・ご感想はホームページから承っております。

メイツ出版ホームページアドレス http://www.mates-publishing.co.jp/

編集長：折居かおる　副編集長：堀明研斗　企画担当：堀明研斗

※本書は2015年発行『もっと力強く！もっと巧みに！バスケットボール センター 上達のコツ50』を元に加筆・修正を行っています。